COMPOSIÇÃO VISUAL

FUNDAMENTOS GERAIS

* Os livros dedicados à área de *design* têm projetos que reproduzem o visual de movimentos históricos. Neste módulo, as aberturas de partes e capítulos geométricas e os títulos em linhas redondas e diagonais fazem referência aos pôsteres da Bauhaus, a icônica escola alemã de *design*, arquitetura e artes plásticas.

COMPOSIÇÃO VISUAL

FUNDAMENTOS GERAIS

Sílvia Schnaider

intersaberes

Rua Clara Vendramin, 58 . Mossunguê . CEP 81200-170 . Curitiba . PR . Brasil
Fone: (41) 2106-4170 . www.intersaberes.com . editora@intersaberes.com

Editora-chefe
Lindsay Azambuja

Gerente editorial
Ariadne Nunes Wenger

Assistente editorial
Daniela Viroli Pereira Pinto

Edição de texto
Camila Cristiny da Rosa
Millefoglie Serviços de Edição
Monique Francis Fagundes Gonçalves

Capa
Charles L. da Silva (design)
bodybank/Shutterstock (imagens)

Projeto gráfico
Bruno Palma e Silva

Diagramação
Kátia Priscila Irokawa

Designer responsável
Charles L. da Silva

Iconografia
Regina Claudia Cruz Prestes
Sandra Lopis da Silveira

Dados Internacionais de Catalogação na Publicação (CIP)
(Câmara Brasileira do Livro, SP, Brasil)

Schnaider, Sílvia
Composição visual: fundamentos gerais/Sílvia Schnaider. Curitiba: InterSaberes, 2022.

Bibliografia.
ISBN 978-65-5517-125-9

1. Comunicação na arte 2. Design (Projetos) 3. Design (Teoria) I. Título.

22-113585 CDD-745.4

Índices para catálogo sistemático:
1. Design: Comunicação: Artes 745.4

Eliete Marques da Silva – Bibliotecária – CRB-8/9380

1ª edição, 2022.
Foi feito o depósito legal.

SUMÁRIO

APRESENTAÇÃO

Nesta obra, tratamos da organização de elementos visuais em leiautes impressos e digitais, que são as referências visuais utilizadas pelo designer na criação, na produção e na finalização de composições adequadas às necessidades do projeto. Parte fundamental para a definição do conceito, os princípios compositivos de equilíbrio, contraste, fluidez, estética do ponto, linha, plano e volume – que constituem a forma dos elementos visuais no espaço –, quando combinados de forma correta, tornam-se consistentes e com níveis de pregnância condizentes aos fundamentos do design.

A expressividade do conteúdo planejado em uma composição pode variar conforme o escopo do projeto, mas tem de obedecer ao *briefing*, visando comportar o público-alvo considerado e os produtos definidos previamente no planejamento visual – forma *versus* campo visual. A percepção visual é a que mais impacta o processo da comunicação visual.

De acordo com a Gestalt, são indispensáveis na informação imagética os quesitos de equilíbrio, clareza e harmonia visual; ademais, tem-se a premissa de que a arte se fundamenta no princípio da pregnância da forma. Os limites da forma fazem o indivíduo perceber sua estrutura, desde que sejam mantidos os padrões visuais de sua cultura – principalmente na utilização das cores. Proximidade, semelhança, pregnância, fechamento, experiência ou familiaridade, simetria, continuidade e figura-fundo são as regras da boa forma e do bom design.

A criatividade é a matéria-prima da composição e, se estiver aliada à inovação, pode contribuir para o ineditismo em projetos de design. A originalidade constitui uma busca concreta da área; no ambiente *on-line*, o *feedback* do cliente/consumidor/usuário é *on time*. A **lei da pregnância** torna-se mais evidente na mídia digital, tornando o designer multidisciplinar, buscando em áreas afins (como a informática, a engenharia, a ergonomia, o marketing, a arquitetura e a semiótica) e em recursos pertinentes (a usabilidade e a interação humano-computador) a complementação ao perfil profissional.

Hoje, o designer "camaleão" tem desafios e responsabilidades e precisa ter uma visão integrada ao contexto do negócio. O papel desse profissional na mídia impressa ou na digital é permitir a comunicação entre a empresa e o usuário, sem falhas. Os elementos visuais predominantes em uma campanha *crossmedia* devem corresponder à identidade da ideia, do produto ou do serviço. A identidade é um conjunto de planejamento visual que inclui todas as mídias – televisão, jogos e cinema.

Atuar como designer é aliar conhecimentos de história da arte, arte aplicada e estética e encaixar todos os conceitos teóricos independentemente da mídia; é controlar o fluxo das informações por meio de imagens, símbolos, cores, tons e tipologias; é pensar no usuário levando em conta a funcionalidade do projeto gráfico ou da interface, atingindo o equilíbrio entre a praticidade e a intuição.

Contemporaneamente, há designers fotógrafos, e há fotógrafos designers, pois os campos da fotografia e do design têm formação interdisciplinar e encontram-se ligados por seus conteúdos: a composição de imagem fotográfica, a luminosidade e a fotometria. Assim, a fotografia é para o design uma ferramenta de manipulação de imagens digitais.

Quando pensam na forma, os designers consideram aspectos de ergodesign; quando refletem sobre as funções, buscam soluções interativas simples e fáceis de usar; por fim, têm como estratégias fundamentais o comportamento humano e as emoções.

Design = forma + função + emoção

Exploraremos ao longo deste livro os fundamentos do design, os quais são válidos independentemente da vertente e da aplicação de tal conhecimento. Nos Capítulos 1 e 2, exploraremos os princípios da linguagem visual. Ampliando nossa abordagem, nos Capítulos 3 e 4, concentraremos nossa atenção no planejamento visual. No Capítulo 5, o foco será a relação entre Design e fotografia. E, por fim, versaremos, no Capítulo 6, sobre a relação entre forma, função e emoção.

Ao longo de todo o material, apresentaremos imagens para ilustrar conceitos, princípios, técnicas e equipamentos que são úteis ao ofício do designer.

Boa leitura!

COMO APROVEITAR AO MÁXIMO ESTE LIVRO

Empregamos nesta obra recursos que visam enriquecer seu aprendizado, facilitar a compreensão dos conteúdos e tornar a leitura mais dinâmica. Conheça a seguir cada uma dessas ferramentas e saiba como elas estão distribuídas no decorrer deste livro para bem aproveitá-las.

FUNDAMENTOS DA LINGUAGEM VISUAL I

CONTEÚDOS DO CAPÍTULO
- Linguagem visual e seus elementos
- Espaços impressos e digitais
- Informação visual
- Percepção da forma

APÓS O ESTUDO DESTE CAPÍTULO, VOCÊ SERÁ CAPAZ DE:
1. conceituar linguagem visual;
2. identificar os elementos da linguagem visual;
3. explicar como os elementos da linguagem visual se combinam;
4. organizar os elementos da linguagem visual em diversos espaços;
5. reconhecer a importância de uma composição visual harmoniosa.

CONTEÚDOS DO CAPÍTULO

Logo na abertura do capítulo, relacionamos os conteúdos que nele serão abordados.

FUNDAMENTOS DA LINGUAGEM VISUAL I

CONTEÚDOS DO CAPÍTULO
- Linguagem visual e seus elementos
- Espaços impressos e digitais
- Informação visual
- Percepção da forma

APÓS O ESTUDO DESTE CAPÍTULO, VOCÊ SERÁ CAPAZ DE:
1. conceituar linguagem visual;
2. identificar os elementos da linguagem visual;
3. explicar como os elementos da linguagem visual se combinam;
4. organizar os elementos da linguagem visual em diversos espaços;
5. reconhecer a importância de uma composição visual harmoniosa.

APÓS O ESTUDO DESTE CAPÍTULO, VOCÊ SERÁ CAPAZ DE:

Antes de iniciarmos nossa abordagem, listamos as habilidades trabalhadas no capítulo e os conhecimentos que você assimilará no decorrer do texto.

::: **Percepção visual**

A percepção visual diz respeito a como enxergamos o mundo – luz (dia ou noite), imagens, texto. Os estímulos visuais são importantes e deles dependem alguns outros, por exemplo: uma pessoa com alto grau de miopia, astigmatismo ou hipermetropia pode ter dificuldade de ouvir se estiver sem óculos ou lentes de contato.

Preste atenção!
O termo **visão** refere-se à percepção do sentido visual, ou seja, a capacidade fisiológica do ser humano de enxergar.

A visão é a percepção mais utilizada pelo homem. Isso tem se potencializado na atualidade, pois vivemos num mundo de excesso de informações e o cérebro tem de selecionar aquelas que deve guardar. A psicologia chama esse evento de *carga cognitiva*.

Esforço cognitivo ou carga cognitiva se refere justamente à memória e à atenção envolvidas para se perceber determinada informação. Quando não há experiência anterior, a informação tende a demorar para ser entendida ou processada pelo cérebro; no entanto, se ela tiver sido processada previamente, o indivíduo pode não percebê-la.

Primordial para o entendimento da informação, o esforço cognitivo está intimamente ligado ao campo do **planejamento visual**, área do design que consiste na direção do olhar no espaço. Entre as inúmeras espécies animais, o homem tem o olho mais desenvolvido e que representa o mais elevado grau de aperfeiçoamento da matéria. É capaz de informar precisamente a distância, a direção e a forma dos objetos — graças à forma esférica de até 24 mm de diâmetro

PRESTE ATENÇÃO!

Apresentamos informações complementares a respeito do assunto que está sendo tratado.

Para o entendimento dos fundamentos da linguagem visual, é necessário conhecer os processos de percepção mental em que toda **forma representa um dado de ordem sensorial a ser diretamente** apreendido pelo cérebro humano. As formas podem pertencer ao campo imagético, porém elas só poderão ser apreciadas quando se tornarem fatos físicos e concretos do mundo real – o espaço.

O que é
Percepção – Faculdade do ser humano de aprender por meio dos sentidos ou da mente.

Estamos organizados atualmente na civilização da imagem, na qual o ser humano – privilegiando a **visão** – percebe o mundo por meio de formas, cores e texturas. As gerações X, Y e Z não podem ser comparadas à de nenhuma época anterior, nem mesmo à dos povos pré-históricos que já privilegiavam em suas pinturas (rupestres) composições visuais.

Assim como na pré-história (40.000 a.C.), hoje a visão se sobrepõe aos demais sentidos. O homem pré-histórico viu-se impelido a mostrar seu cotidiano por meio da representação de animais (caça), plantas (rituais), indivíduos (dança) e sinais gráficos (crenças). Por **sua vez, o homem pós-moderno do século XXI deseja expressar** sentimentos e emoções por meio das artes atuais: pintura, escultura, cinema, música, dança, literatura, teatro e fotografia, entre outras.

O QUE É

Nesta seção, destacamos definições e conceitos elementares para a compreensão dos tópicos do capítulo.

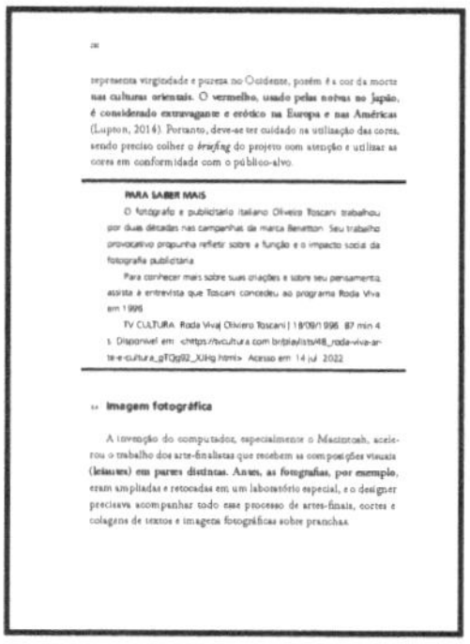

representa virgindade e pureza no Ocidente, porém é a cor da morte **nas culturas orientais. O vermelho, usado pelas noivas no Japão, é considerado extravagante e erótico na Europa e nas Américas** (Lupton, 2014). Portanto, deve-se ter cuidado na utilização das cores, sendo preciso colher o *briefing* do projeto com atenção e utilizar as cores em conformidade com o público-alvo.

PARA SABER MAIS

O fotógrafo e publicitário italiano Oliviero Toscani trabalhou por duas décadas nas campanhas da marca Benetton. Seu trabalho provocativo propunha refletir sobre a função e o impacto social da fotografia publicitária.

Para conhecer mais sobre suas criações e sobre seu pensamento, assista à entrevista que Toscani concedeu ao programa Roda Viva em 1996.

TV CULTURA. Roda Viva| Oliviero Toscani | 18/09/1996. 87 min 4 s. Disponível em: <https://tvcultura.com.br/playlists/48_roda-viva-arte-e-cultura_gTQg92_XJHg.html>. Acesso em: 14 jul. 2022.

Imagem fotográfica

A invenção do computador, especialmente o Macintosh, acelerou o trabalho dos arte-finalistas que recebem as composições visuais **(leiautes) em partes distintas. Antes, as fotografias, por exemplo,** eram ampliadas e retocadas em um laboratório especial, e o designer precisava acompanhar todo esse processo de artes-finais, cortes e colagens de textos e imagens fotográficas sobre pranchas.

PARA SABER MAIS

Sugerimos a leitura de diferentes conteúdos digitais e impressos para que você aprofunde sua aprendizagem e siga buscando conhecimento.

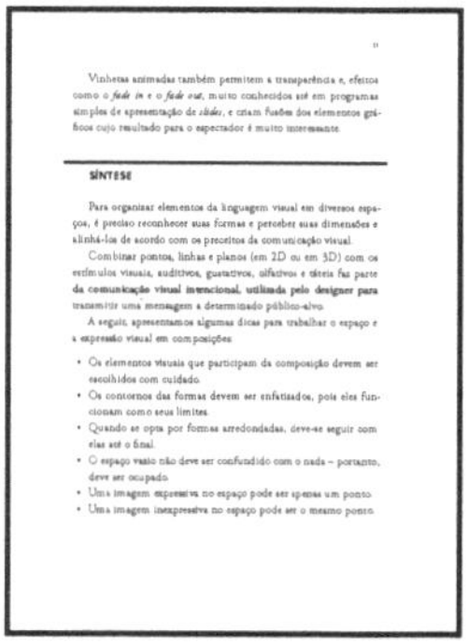

Vinhetas animadas também permitem a transparência e, efeitos como o *fade in* e o *fade out*, muito conhecidos até em programas simples de apresentação de *slides*, e criam fusões dos elementos gráficos cujo resultado para o espectador é muito interessante.

SÍNTESE

Para organizar elementos da linguagem visual em diversos espaços, é preciso reconhecer suas formas e perceber suas dimensões e alinhá-los de acordo com os preceitos da comunicação visual.

Combinar pontos, linhas e planos (em 2D ou em 3D) com os estímulos visuais, auditivos, gustativos, olfativos e táteis faz parte **da comunicação visual intencional, utilizada pelo designer para** transmitir uma mensagem a determinado público-alvo.

A seguir, apresentamos algumas dicas para trabalhar o espaço e a expressão visual em composições:

- Os elementos visuais que participam da composição devem ser escolhidos com cuidado.
- Os contornos das formas devem ser enfatizados, pois eles funcionam como seus limites.
- Quando se opta por formas arredondadas, deve-se seguir com elas até o final.
- O espaço vazio não deve ser confundido com o nada – portanto, deve ser ocupado.
- Uma imagem expressiva no espaço pode ser apenas um ponto.
- Uma imagem inexpressiva no espaço pode ser o mesmo ponto.

SÍNTESE

Ao final de cada capítulo, relacionamos as principais informações nele abordadas a fim de que você avalie as conclusões a que chegou, confirmando-as ou redefinindo-as.

Rawpixel.com/Shutterstock

CAPÍTULO 1

FUNDAMENTOS DA LINGUAGEM VISUAL I

CONTEÚDOS DO CAPÍTULO

- Linguagem visual e seus elementos.
- Espaços impressos e digitais.
- Informação visual.
- Percepção da forma.

APÓS O ESTUDO DESTE CAPÍTULO, VOCÊ SERÁ CAPAZ DE:

1. conceituar linguagem visual;
2. identificar os elementos da linguagem visual;
3. explicar como os elementos da linguagem visual se combinam;
4. organizar os elementos da linguagem visual em diversos espaços;
5. reconhecer a importância de uma composição visual harmoniosa.

Vislumbrar como os princípios básicos da linguagem visual se aplicam às diversas estruturas de espaço no design gráfico é tarefa do designer. Trata-se de um exercício conceitual adequado a todos os projetos da área, independentemente do problema ou da solução encontrada. Os projetos têm temas diferenciados, porém as etapas de desenvolvimento e de finalização dos entregáveis não mudam: a metodologia ou a teoria de projetos em design é única.

A seguir, mencionamos as etapas comuns em projetos de design, ainda antes da definição do estilo ou do conceito:

- *Briefing*.
- Pesquisa do cliente.
- *Benchmark* (pesquisa de mercado).
- Pesquisa do público-alvo.
- Personas com mapa de empatia.
- Mapa mental.
- *Moodboard*.
- Geração de ideias.
- *Brainstorming* e *brainwriting*.

Após as etapas finais de definição do problema, geração de ideias e *brainstorming*, o estilo ou o conceito é definido e a criação é específica aos espaços aos quais o projeto será aplicado. Nessa fase, anterior aos entregáveis, o designer utiliza a expressividade da experiência humana — referências visuais (percepção visual, Gestalt, semiótica, teoria das cores, história da arte) – para exercer sua criatividade.

1.1 Espaço e percepção

Inicialmente, devemos ter em mente a definição a seguir:

Espaço = meio = mídia

Os processos em design, assim como suas ferramentas, são parecidos: o que muda é o espaço, o meio ou a mídia – impressa ou digital.

Descobrir o espaço é perceber-se nele, e é para cada indivíduo, a um só tempo, uma experiência pessoal e universal. A partir dos primeiros movimentos físicos do corpo, a criança começa a vivenciar o espaço, a discerni-lo e a conhecê-lo, descobrindo a si mesma, tanto consciente e quanto inconscientemente. São processos que se interligam à estruturação da percepção consciente, às possibilidades de a pessoa "sentir-se" e "pensar-se" no meio ambiente em que vive (Ostrower, 1983).

Os espaços dividem-se em:

- **Espaços impressos** – Livro; jornal; revista; folheto; cartaz; *flyer*; panfleto; encarte; *outdoor*.
- **Espaços digitais** – Internet; *banner* em *sites*; sistema de caixa eletrônico de banco; sistema de pagamento em loja de varejo; jogos eletrônicos; anúncios e *posts* de redes sociais (WhatsApp, Instagram, Facebook, Messenger, Twitter, LinkedIn, Pinterest, Skype e Snapchat).

Para o entendimento dos fundamentos da linguagem visual, é necessário conhecer os processos de percepção mental em que toda forma representa um dado de ordem sensorial a ser diretamente aprendido pelo cérebro humano. As formas podem pertencer ao campo imagético, porém elas só poderão ser apreciadas quando se tornarem fatos físicos e concretos do mundo real – o espaço.

O que é

Percepção – Faculdade do ser humano de aprender por meio dos sentidos ou da mente.

Estamos organizados atualmente na civilização da imagem, na qual o ser humano – privilegiando a **visão** – percebe o mundo por meio de formas, cores e texturas. As gerações X, Y e Z não podem ser comparadas à de nenhuma época anterior, nem mesmo à dos povos pré-históricos que já privilegiavam em suas pinturas (rupestres) composições visuais.

Assim como na pré-história (40.000 a.C.), hoje a visão se sobrepõe aos demais sentidos. O homem pré-histórico viu-se impelido a mostrar seu cotidiano por meio da representação de animais (caça), plantas (rituais), indivíduos (dança) e sinais gráficos (crenças). Por sua vez, o homem pós-moderno do século XXI deseja expressar sentimentos e emoções por meio das artes atuais: pintura, escultura, cinema, música, dança, literatura, teatro e fotografia, entre outras.

Figura 1.1 – **Pintura rupestre em Vezere Valley (França): composições com movimento dos elementos visuais**

Desde o início, portanto, o artista não lida com um vazio, mas com a forma de um espaço. No trabalho, ele transforma esse espaço, do plano pictórico, para formular a imagem de seu espaço vivenciado (Ostrower, 1983).

> Tema muito vasto, que vai desde o desenho até a fotografia, as artes plásticas, o cinema; desde formas abstratas até as reais, de imagens estáticas a imagens em movimento, de imagens simples a imagens complexas, desde problemas de percepção visual que concernem ao lado psicológico do tema, como relações entre figura e fundo, mimetismo, ***moiré***, ilusões ópticas, movimento aparente, imagens e ambiente, permanência retiniana e imagens póstumas. (Munari, 1997, p. 8)

O ser humano tende a pensar visualmente. As imagens agem diretamente sobre a percepção do cérebro, impressionando-o primeiro para serem depois analisadas, ao contrário do que acontece com as palavras (Strunk, 2001).

> É consenso que a capacidade da informação visual é muito mais ampla do que aquelas transmitidas e/ou assimiladas pelos outros sentidos. A comunicação, hoje, é feita e difundida através dos mais avançados meios tecnológicos, meios estes que nos expõem — muitas vezes compulsoriamente — a múltiplos elementos visuais. (Gomes Filho, 2004, orelha)

Dessarte, é preciso entender quais são os elementos informacionais que compõem os eventos visuais no campo do design – de configurações bi ou tridimensionais – que dão sentido ou prazer ao consumidor ou usuário. São esses elementos que ocupam uma área predefinida a que chamamos *espaço visual*, podendo ser uma simples folha de papel sulfite no formato A4 ou a interface de um computador *desktop* com resolução de 1.600 × 1.200 pixels, por exemplo.

Para a informação visual, não importa o meio, já que todos os elementos comunicam algo no espaço que ocupam: formas, cores e/ou texturas – nessa ordem, inclusive. Para compreender os princípios básicos da linguagem visual, é necessário ter noções de espaço.

A fim de clarificar o conceito de espaço, não importando a complexidade do projeto nem o meio de aplicação, é importante perceber a expressividade do conteúdo planejado. Não se preenche um espaço dito *vazio*, como normalmente chamamos uma área em branco, sem um planejamento visual. É preciso buscar o equilíbrio entre as partes, tal-qualmente fazemos com o espaço real em que vivemos (o mundo).

O espaço visual também existe nos programas de manipulação de imagens de rastreio ou vetorial: chama-se *espaço virtual*. Os fundamentos da linguagem visual independem do meio: a compreensão do sentido de algo por meio da inteligência humana prevalece. Mesmo levando-se em consideração a internet, por exemplo, na qual a informação se apresenta de forma mais rápida, o ato de perceber uma ação não se altera.

Na internet, torna-se óbvio que o *hiperlink* (ou a hiperligação) pode levar o usuário mais rapidamente a outras informações (documentos, imagens, textos) dentro ou fora do endereço pesquisado. Apesar disso, essas conexões não devem ser comparadas às informações visuais numa folha de papel do mundo real, em que a leiturabilidade e a legibilidade são estáticas.

Na tela da televisão, o espaço visual é dinâmico – várias percepções estão sendo utlizadas pelo indivíduo ao assistir a um filme, por exemplo. Geralmente, utilizam-se a percepção visual e a auditiva.

A percepção humana está ligada aos sentidos – visual, auditivo, gustativo, olfativo, tátil, espacial e de tempo e movimento. Quando esses sentidos trabalham juntos, são capazes de produzir sensações e percepções mais evidentes. Podem se tornar tão intensos a ponto de alterar radicalmente o comportamento das pessoas durante determinado evento.

No exemplo ilustrado na Figura 1.2, um grupo se diverte na montanha-russa e cada membro da família utiliza todas as percepções ao mesmo tempo: os olhos percebendo a paisagem do alto da montanha-russa, os ouvidos atentos ao barulho do carrinho nos trilhos junto com os gritos da descida e a boca seca da adrenalina e da respiração ofegante.

Figura 1.2 – **Sensações múltiplas: montanha-russa em parque de diversões**

Brocreative/Shutterstock

Esse tipo de atração popular comum aos parques de diversões modernos tem justamente o propósito de ser divertido e intenso e tornar-se inesquecível. Tudo isso é possível graças às percepções humanas, que, em conjunto, potencializam a emoção de um momento, tornando-o memorável. É o que chamamos *frio na barriga* ou *borboletas no estômago*, uma resposta biológica do cérebro causado pelas emoções.

Preste atenção!

A percepção pressupõe uma emoção, independentemente de ela ser boa ou ruim.

1.1.1 Percepção visual

A percepção visual diz respeito a como enxergamos o mundo – luz (dia ou noite), imagens, texto. Os estímulos visuais são importantes e deles dependem alguns outros, por exemplo: uma pessoa com alto grau de miopia, astigmatismo ou hipermetropia pode ter dificuldade de ouvir se estiver sem óculos ou lentes de contato.

> **Preste atenção!**
>
> O termo ***visão*** refere-se à percepção do sentido visual, ou seja, a capacidade fisiológica do ser humano de enxergar.

A visão é a percepção mais utilizada pelo homem. Isso tem se potencializado na atualidade, pois vivemos num mundo de excesso de informações e o cérebro tem de selecionar aquelas que deve guardar. A psicologia chama esse evento de *carga cognitiva*.

Esforço cognitivo ou carga cognitiva se refere justamente à memória e à atenção envolvidas para se perceber determinada informação. Quando não há experiência anterior, a informação tende a demorar para ser entendida ou processada pelo cérebro; no entanto, se ela tiver sido processada previamente, o indivíduo pode não percebê-la.

Primordial para o entendimento da informação, o esforço cognitivo está intimamente ligado ao campo do **planejamento visual**, área do design que consiste na direção do olhar no espaço. Entre as inúmeras espécies animais, o homem tem o olho mais desenvolvido e que representa o mais elevado grau de aperfeiçoamento da matéria. É capaz de informar precisamente a distância, a direção e a forma dos objetos — graças à forma esférica de até 24 mm de diâmetro nos adultos. Da parte fisiológica, o que nos interessa é a membrana fotossensível chamada ***retina***, guardiã dos **cones** (fibras nervosas responsáveis pela visão colorida) e dos **bastonetes** (parte central sensível às imagens em preto e branco e responsável pela visão noturna), incumbidos do funcionamento do órgão da visão.

É inerente à percepção visual a habilidade de detectar a luz e interpretar os estímulos luminosos, transformando-os em imagens.

Figura 1.3 – **Estrutura do olho humano**

solar22/Shutterstock

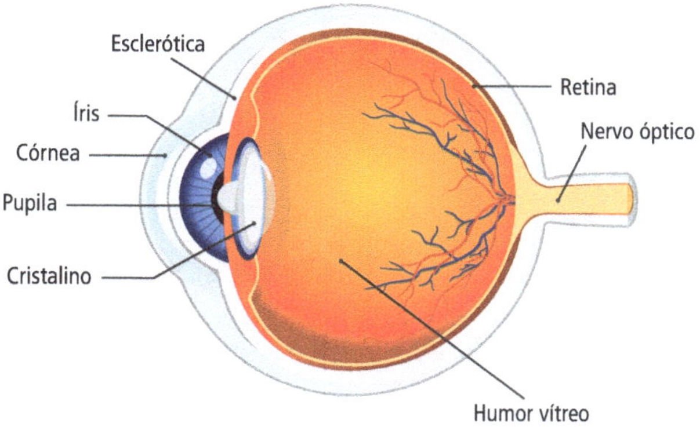

É pela visão que o ser humano depreende as formas, cores e texturas dos objetos. Por exemplo, ao visualizarmos um tomate, imediatamente nosso cérebro o associa à cor vermelha e às embalagens de produtos de tomate, como *ketchup*, molhos, sucos e sopas do fruto.

Figura 1.4 – **Associação natural da percepção visual com a cor vermelha**

Magicleaf/Shutterstock

Embora os processos de percepção sejam mentais, a forma representa um dado de ordem sensorial a ser diretamente apreendido. Esse dado não pode ser abstraído nem substituído por definições ou descrições (Ostrower, 1983). Logicamente, nossa criatividade nos leva a imaginá-las, porém as formas são fatos do espaço físico. Portanto, é preciso vê-las para então compreendê-las e analisá-las.

Também é pela visão que estabelecemos a relação entre os objetos e o espaço. Por exemplo, numa embalagem de *ketchup*, já sabemos por que sua cor é predominantemente vermelha. Nesse caso – além das informações da forma da embalagem –, será preciso perceber o texto de seu rótulo.

Figura 1.5 – **Associação natural da percepção visual com o espaço visual**

OlgaChernyak/Shutterstock

1.1.2 Percepção auditiva

A percepção auditiva diz respeito a todos os sons perceptíveis aos nossos ouvidos – ruídos, música, fala.

Preste atenção!

O termo ***audição*** refere-se à percepção do sentido auditivo, ou seja, a capacidade fisiológica do ser humano de ouvir.

A audição pode ser ampliada quando ao ouvir uma música o indivíduo a associa a uma cor. Músicas de *rock* pesado são associadas a tons escuros, podendo chegar ao preto; por sua vez, músicas clássicas suaves remetem mais ao branco. As românticas e delicadas, que falam de amor, são cor-de-rosa. As que ditam batidas de surdos, caixas, chocalhos, tamborim e repique são amarelas, capazes de fazer pulsar toda uma escola de samba na avenida. Agora, se o ritmo da batida for frequente, a sensação será de energia, movimento, excitação, emoção e ação, e a música, então, poderá ser vermelha.

1.1.3 Percepção gustativa

A percepção gustativa refere-se ao gosto dos alimentos. Atua em sintonia com o olfato para perceber os aromas e os sabores básicos – doce, salgado, azedo e amargo – por meio das papilas da língua.

Preste atenção!

O termo ***gustativo*** refere-se à percepção do sentido do paladar, ou seja, a capacidade fisiológica do ser humano de sentir diferentes gostos.

Essa percepção pode ser ampliada quando ao comer o sujeito relaciona uma cor a certo gosto. Por exemplo, isso pode ser percebido com as frutas, que são divididas em várias categorias: doces, semiácidas, ácidas, monofágicas e oleaginosas. As frutas ácidas ou amargas (maçã-de-elefante ou laranja) teriam tons escuros, ao passo que as frutas doces (banana, figo, caqui, lichia, mamão e manga) podem estar relacionadas a tons mais claros. Já ameixa, cacau, caju, carambola, cereja, fruta-do-conde, goiaba, graviola, jabuticaba, jenipapo, quiuí, maçã verde, maracujá, pera e pitanga, que são semiácidas, podem ser sentidas com tons de laranja ou verde. Frutas como a melancia e o melão, cuja composição é de 93% de água (hiper-hídricas ou monofágicas), podem ser sentidas como azul. As oleaginosas, como abacate, amêndoa, avelã, castanha-do-pará, coco, damasco e nozes, podem lembrar o verde, cor que transmite tranquilidade e bem-estar e lembra a natureza.

1.1.4 Percepção olfativa

A percepção olfativa comunica o cheiro das coisas. O principal órgão que atua nesse sentido humano é o nariz, e os odores são percebidos por meio das cavidades nasais.

Preste atenção!

O termo ***olfativo*** refere-se à capacidade fisiológica do ser humano de sentir diferentes odores.

Essa percepção é mais aguçada em indivíduos que têm perda total ou parcial da visão. O dano que impede a pessoa de enxergar, a que chamamos *deficiência visual*, pode influenciar diretamente e em grau elevado o reconhecimento dos objetos, pelo cheiro dos materiais que o constituem (borracha, madeira, tijolo, vidro). Ainda, as pessoas podem ser reconhecidas pelo perfume que usam.

1.1.5 Percepção tátil

A percepção tátil corresponde ao toque. A forma, o tamanho e a textura dos objetos são percebidos por meio de todas as regiões da pele – principal órgão que atua nesse sentido.

> **Preste atenção!**
> O termo ***tátil*** refere-se à capacidade fisiológica do ser humano de identificar materiais, texturas e temperaturas.

Quando aplicada na linguagem visual, a percepção tátil pode ser concreta ou virtual. Por exemplo, o papel pode ser áspero ou liso, e o tecido, dependendo da trama, pode ser grosso ou fino. Esse sentido também informa sobre a sensação de frio ou calor em um ambiente, por meio dos receptores da pele, que emitem impulsos para o cérebro. O tato também é usado como leitura feita pelas mãos: chama-se *escrita pontográfica*, mais conhecida como *sistema Braille*.

1.1.6 Percepção espacial

A **percepção espacial** diz respeito ao **entendimento da proporção dos objetos no mundo real.**

Preste atenção!

O termo ***espacial*** refere-se ao tamanho e à posição dos objetos, ou seja, a proporção que eles ocupam quando os contemplamos por meio de uma imagem que os representa.

A **fotografia** – que significa desenhar com luz e contraste – é um bom exemplo dessa percepção, pos permitiu ao ser humano estocar pedacinhos de memórias visuais e temporais em um espaço virtual. Com a evolução tecnológica, a fotografia digital mudou radicalmente os paradigmas do mundo nesse campo e possibilitou a qualquer pessoa comum ser um fotógrafo, principalmente quando a câmera fotográfica foi incorporada aos aparelhos de celular.

1.1.7 Percepção de tempo e movimento

A percepção de tempo e movimento diz respeito à dança e enfatiza o ritmo. Atua em sintonia com a audição por meio da música (estímulo sonoro).

Preste atenção!

A expressão ***de tempo e movimento*** refere-se à percepção do sentido do som em movimento, ou seja, à capacidade fisiológica do ser humano de dançar.

Tempo e movimento são princípios de percepção estreitamente relacionados: o primeiro marca no espaço o momento exato em que o segundo acontece. Num livro, por exemplo, essa fluidez é marcada ao folhearmos suas páginas. Já numa animação para cinema ou televisão, é necessário usar imagens contínuas, como fotos e ilustrações, para ilustrá-los. Cada imagem é chamada *frame* (ou *quadro*) e são justapostas, dando a impressão de movimentos ou animações. Quantos mais *frames* por segundo houver, mais natural e fluída ficará a animação. Hoje, o padrão é de 24 *frames* por segundo (24 fps).

1.2 Percepção da forma

O **planejamento visual** consiste na utilização adequada da informação contida num espaço de trabalho predeterminado. Planejar visualmente uma ideia pode parecer algo abstrato, porém o designer, utilizando-se corretamente dos elementos visuais, é capaz de organizá-los, estabelecer relações estruturais consistentes entre eles e torná-los perceptíveis aos olhos humanos. Esses elementos são expressivos e capazes de gerar sensações diversas nos seres humanos, envolvendo-os, sendo atraentes ou não, caso sejam repulsivos.

Forma = conteúdo

Elementos geométricos básicos = conteúdo

Ponto, linha, plano, textura, cor = conteúdo

1.2.1 Ponto

O ponto é a menor estrutura da forma e, quando em dupla, ambos formam uma linha. Quando há um conjunto de pontos, eles formam um plano e, quando há pontos aglomerados em grande quantidade, há uma textura. Pontos indicam posições no espaço, por exemplo, um par de coordenadas x, y. Na língua escrita, o ponto final representa o fechamento de frases.

1.2.2 Linha

A linha é composta de vários pontos ligados, pode definir o limite dos objetos e indica o encontro de dois planos. Em programas de manipulação vetorial, a linha tem espessura definida e pode ser reta, curva, contínua ou tracejada.

Vendo as linhas, é como se ouvíssemos a voz de alguém que nos fala com certo timbre e certa cadência. Evidentemente, as linhas se referem a alguma coisa; elas são carregadas de emoção, e a emoção faz o artista se expressar de uma maneira e não de outra (Ostrower, 1983, p. 32).

O alinhamento é um dos fundamentos do design, determinando os lugares das informações no espaço visual e criando conexões entre os elementos. A palavra *alinhamento* contém o item lexical *linha*, porém ela é invisível aos olhos nas composições visuais.

Quadro 1.1 – **Tipos de alinhamento**

<table>
<tr>
<td>Alinhamento à esquerda ou irregular à direita: sem dúvida, o mais utilizado na cultura ocidental, em que se lê da esquerda para a direita. Ideal para textos longos ou curtos na web. A linha invisível que conecta as primeiras letras de cada frase torna-se um porto seguro para o leitor. Hipótese de ordem biológica: os centros superiores coordenadores da visão e da fala estão localizados na área esquerda do córtex cerebral.</td>
<td></td>
<td>Alinhamento à direita ou irregular à esquerda: funciona bem se combinado com o alinhamento à esquerda. Quando sozinho, a recomendação é somente para os povos orientais, cuja leitura é feita da direita para a esquerda, ou seja, ao contrário da nossa.</td>
</tr>
<tr>
<td colspan="3">Alinhamento centralizado: muito utilizado por não designers ou profissionais amadores da área, que desconhecem as regras da leitura visual. Mesmo considerado muito simples, funciona para trabalhos que não exijam diagramação complexa (por exemplo, capas de relatórios e minutas). Em textos longos, pode causar cansaço visual, já que o olho humano busca na leitura sempre um mesmo ponto de ancoragem inicial em cada linha de texto.</td>
</tr>
<tr>
<td colspan="3">Alinhamento justificado: chamado também alinhado à direita e à esquerda ou até blocado, é muito utilizado no meio impresso para jornal ou revista, em que se tem a diagramação por colunas e letras pequenas. Nesse caso, o texto justificado, aliado a fontes com serifa, causa conforto visual e um ritmo de leitura agradável para o leitor – mesmo em quantidades enormes. Não é recomendado para a web, pois causa cansaço visual.</td>
</tr>
</table>

Numa composição de crochê circular, por exemplo, é bastante comum as linhas surgirem de uma forma central que origina as demais a sua volta, como uma flor.

Figura 1.6 – **Crochê circular: vários pontos ligados**

Lisovskaya Oksana/Shutterstock

1.2.3 Plano

O plano é formado por um conjunto de linhas que criam uma superfície fechada para ser chamada *forma*. As linhas estruturantes de um plano delimitam seu espaço. Em programas com base vetorial, toda forma tem contorno e preenchimento. "Um plano é o trajeto de uma linha em movimento; ele é a linha com amplitude. [...] Tetos, paredes, pisos e janelas são planos físicos. Um plano pode ser sólido, ou perfurado, opaco ou transparente, rugoso ou liso" (Lupton, 2014, p. 18).

1.2.4 Volume

A linha e a superfície são elementos que ainda se inserem nas dimensões do plano pictórico, ao passo que os elementos restantes (volume, luz e cor) ultrapassam a estrutura bidimensional. Por essa razão, são considerados elementos mais dinâmicos (Ostrower, 1983).

Para se obter um volume, há diversos planos funcionando em conjunto e várias margens comuns atuando umas sobre as outras. O volume é o espaço ocupado por um objeto tridimensional no espaço. Portanto, é preciso saber quanto de espaço ele ocupa em comprimento, largura e altura. Em *softwares* de manipulação de imagens em três dimensões (3D), o volume é representado por meio de convenções gráficas, ou seja, um sistema virtual que oferece ferramentas e recursos artísticos que simulam a realidade, permitindo animações e efeitos visuais no computador.

No espaço, a superfície contempla duas dimensões, altura e largura, as quais são visualizadas juntas e uma estará sempre atrelada à outra. Em configurações de volume, sempre irão existir os elementos linha e superfície de forma dinâmica, geométricos ou não geométricos, ou seja, o volume representa um conjunto de planos em superposição diagonal. Muitas vezes, alguns planos se encontrarão escondidos atrás de outros, fora do campo de visão humana: a esse fenômeno chamamos *profundidade*. Essa abstração é uma característica somente da visão humana adulta. A superfície geometriza o espaço, assim como a cor contribui com uma carga poética ao movimento visual das superfícies.

Figura 1.7 – **Volume: cubo mágico**

Alexandr III/Shutterstock

1.2.5 Escala

A escala corresponde às dimensões dos elementos visuais no espaço, isto é, o tamanho que ele ocupa. Uma logomarca de uma empresa tem de ser legível tanto numa página de anúncio de revista quanto num *outdoor*, por exemplo.

Para os designers, o que é a escala? A escala pode ser considerada tanto objetivamente quanto subjetivamente. Em termos objetivos, ela se refere às dimensões exatas de um objeto físico ou à correlação exata entre uma objeto e sua representação (Lupton, 2014). A **proporção** pode ser definida como a justa relação das partes entre si e de cada parte com o todo. Ela é verdadeiramente a medida das coisas, isto é, a justa relação entre elas e suas representações (Ostrower, 1983).

Escala = dimensão ou proporção no espaço

A escala depende do contexto da composição, ou seja, da disposição dos tamanhos de seus elementos e as relações entre suas várias partes. Essa alteração na relação de tamanho dos objetos é muito comum em desenhos animados. A escala é relativa: brincando com as proporções, é possível criar ilusões espaciais.

Figura 1.8 – **Escala no desenho Alice**

Pushkin/Shutterstock

A escala engana a percepção visual na tela do computador em programas de manipulação de imagem. O leiaute de um folheto, por exemplo, numa primeira impressão, sofre diversos ajustes e alterações tanto na organização visual quanto no tamanho dos elementos constituintes. Num folheto frente e verso, por exemplo, existem relações já institucionalizadas pelo designer de tamanho de aplicação e posicionamento da marca da empresa no verso, assim como das informações textuais do espaço da frente. Limites de margem, corte e arejamento entre os elementos visuais também obedecem a um *grid* preestabelecido.

Figura 1.9 – **Folheto frente e verso 2/2**

Nuttawut Suviratnapit/Shutterstock

Além da percepção visual, a escala ilude também o que chamamos *ponto de vista*. Por exemplo, quando fotografamos pequenos objetos de muito perto e de determinado ângulo, cria-se a ilusão de monumentalidade. Na imagem a seguir, a menor de todas as peças de xadrez, o peão preto (canto esquerdo), parece maior do que qualquer outra por causa do ângulo da foto.

Figura 1.10 – **Peças do jogo de xadrez**

Choksawatdikorn/Shutterstock

A **escala exagerada** é muito utilizada na publicidade para estimular a compra de produtos e criar ilusões agradáveis acerca dos objetos: repare no tamanho das batatas fritas em relação à sua embalagem no canto inferior direito da Figura 1.11. Essa cena irreal estimula o consumidor a comer/comprar.

Figura 1.11 – **Anúncio de batata frita**

HstrongART/Shutterstock

A **escala ambígua** brinca com as expectativas de tamanho do espectador, pois as dimensões ficam confusas num primeiro momento: quem é maior na realidade?

1.2.6 Enquadramento

O enquadramento consiste nos limites dos elementos visuais no espaço. Estes devem estar ajustados ao entorno do local que ocupam e devem caber em suas molduras visíveis ou imaginárias.

O enquadramento também define as direções espaciais dos elementos numa composição. Embora os processos de percepção sejam mentais, a forma representa um dado de ordem sensorial a ser diretamente apreendido. Esse dado não pode ser abstraído nem substituído por definições ou descrições.

Não existe em nossa percepção uma só indicação espacial que esteja isenta de associações. Para nós, a parte inferior de um plano significa sua base. É como se fosse a terra que pisamos. Dessa noção – simples, mas essencial a nosso sentido de equilíbrio –, várias qualificações. Quando percebemos um plano, sua linha de base (a margem horizontal inferior) e toda a área que a acompanha tornam-se visualmente pesadas. Em consequência direta disso, qualquer marca visual que entre na área baixa de um plano fica imediatamente carregada de peso e densidade (Ostrower, 1983).

O enquadramento cria as condições para a compreensão de uma imagem ou de um objeto (Lupton, 2014). Ao vermos as margens concentrarem a forma espacial de todos os lados, notamos que elas induzem o núcleo central, que é exatamente o ponto no qual se cruzariam os eixos centrais da forma, eixos de cuja existência também sabemos, mesmo sem vê-los (Ostrower, 1983).

Entretanto, isso só acontece enquanto temos diante de nós a referência visual da forma: seus limites. Na Figura 1.12 a seguir, o cão está em posição estratégica para a percepção visual, pois encontra-se justamente no cruzamento das diagonais que formam o centro geométrico da imagem.

Figura 1.12 – **Centro geométrico**

Followtheflow/Shutterstock

O enquadramento é muito utilizado na fotografia e se chama *enquadramento de câmera*. Cada vez que se tira uma foto com uma câmera, se faz um recorte da imagem real.

Recortando uma fotografia ou uma ilustração, o designer redesenha seus limites e altera sua forma ao mudar a escala de seus elementos em relação à totalidade da imagem (Lupton, 2014).

Figura 1.13 – **Enquadramento de câmera**

Enrique Alcala/Shutterstock

O conteúdo de uma composição só é percebido por causa de suas margens, já que elas oferecem espaços abertos em torno dos elementos visuais – textos ou imagens. As margens protegem os conteúdos e delimitam o espaço das informações, como no caso das páginas de um livro (paginação e cabeçalhos).

1.2.7 Hierarquia

A **hierarquia** de uma composição obriga o artista a seguir uma ordem significativa dos elementos visuais. Como o nome indica, trata-se de uma subordinação sucessiva dos elementos uns aos outros. Em outras palavras, cada elemento tem seu grau de importância, que se manifesta por meio de variações de escala, cor, espacejamento, posicionamento e contraste no espaço visual.

Preste atenção!

Na composição, quem comanda a ordem hierárquica dos elementos visuais é o designer, e a esse comando dá-se o nome de *hierarquia visual*.

No **design interativo**, menus, textos e imagens podem receber uma ordem visual por meio de seu posicionamento e de uma formatação consistente, mas normalmente é o usuário quem controla a sequência em que a informação é acessada (Lipton, 2014). Em situações como essa, se o *website* não tiver uma boa interface, ou seja, um bom design de interfaces ou interface do usuário – *user design* (UI) –, as chances de o usuário sair da página são enormes. Os conceitos de UI englobam os aspectos visuais e fazem parte de uma ideia maior denominada *experiência do usuário* (UX), a qual, somada à usabilidade, denomina-se *design emocional*. Em regra, esses fatores, juntos, determinam um conjunto de atributos satisfatórios à navegação de um *site*.

Na Figura 1.14, na linha de cremes para o corpo, percebemos claramente uma hierarquia visual no tamanho da marca diante das demais informações do rótulo da embalagem.

Figura 1.14 – **Embalagens de creme**

Joylmage/Shutterstock

Existem sempre dois centros (dois núcleos): (1) o **centro geométrico**, produzido pelo cruzamento dos eixos centrais, e (2) o **centro visual**, que é perceptivo da área e estará colocado sempre um pouco acima do centro geométrico, a fim de compensar o peso visual da base por meio de um intervalo espacial maior (Ostrower, 1983).

1.2.8 Camadas

As camadas, em conjunto, são componentes simultâneos e sobrepostos de uma imagem ou uma sequência. Antes do aparecimento do computador, elas eram aplicadas no leiaute uma sobre a outra, geralmente em papel manteiga ou vegetal, no qual o designer escrevia à mão os detalhes gráficos.

As camadas estão em ação em inúmeros programas de computador, do Photoshop e do Illustrator às ferramentas de áudio, vídeo e animação, nas quais múltiplas camadas de imagem e (pistas) de som se desdobram no tempo (Lupton, 2014).

Na Figura 1.15, há uma **colagem**, artifício visual muito utilizado pelos pintores cubistas no início do século XX. Trata-se de uma técnica artística de recortes de imagens impressas com fundos coloridos. Na colagem, as camadas ficam justapostas, produzindo composições contrastantes.

Figura 1.15 – **Colagem**

Cafe Racer/Shutterstock

Dessa forma, copiar e colar é a função mais importante de qualquer programa de manipulação de imagem vetorial ou de rastreio, e esse é o princípio da colagem. Contudo, em programas de manipulação de imagem, para finalizar o leiaute e enviar o trabalho para a gráfica, o designer achata as camadas numa só, tornando as transições entre ela quase imperceptíveis.

1.2.9 Transparência

A transparência é a percepção simultânea das figuras muitas vezes sobrepostas no mesmo espaço visual.

Em programas de ilustração vetorial ou de imagem digital, é graças à extensão Portable Network Graphics (PNG) que o designer pode manipular virtualmente o canal alfa. Essa extensão, que surgiu em 1996 como substituta para o formato GIF em razão de este incluir algoritmos patenteados, é atualmente o formato livre de dados mais utilizado para imagens na *web*.

Programas de edição de imagem permitem aos designers ajustar a opacidade de qualquer imagem, estática ou em movimento (Lupton, 2014). Inclusive, é possível ver através de texturas sólidas, como a madeira, por exemplo. A transparência é utilizada para separar visualmente os elementos.

Hoje, essa técnica é muito utilizada nas redes sociais como artifício visual para tornar os elementos mais harmoniosos e proporcionar mais discrição nas imagens e nas cores, pois menos contraste de forma e de cor facilitam a navegação do usuário e não sobrecarregam sua carga cognitiva. Quanto menor é a opacidade da imagem, mais transparente ela é e a sensação de leveza aumenta na composição. Entretanto, deve-se tomar cuidado com camadas sucessivas de transparência, já que, em vez de criarem o efeito de leveza, podem poluir a composição. No design, vale a máxima de que "menos é mais".

Vinhetas animadas também permitem a transparência e, efeitos como o *fade in* e o *fade out*, muito conhecidos até em programas simples de apresentação de *slides*, e criam fusões dos elementos gráficos cujo resultado para o espectador é muito interessante.

SÍNTESE

Para organizar elementos da linguagem visual em diversos espaços, é preciso reconhecer suas formas e perceber suas dimensões e alinhá-los de acordo com os preceitos da comunicação visual.

Combinar pontos, linhas e planos (em 2D ou em 3D) com os estímulos visuais, auditivos, gustativos, olfativos e táteis faz parte da comunicação visual intencional, utilizada pelo designer para transmitir uma mensagem a determinado público-alvo.

A seguir, apresentamos algumas dicas para trabalhar o espaço e a expressão visual em composições:

- Os elementos visuais que participam da composição devem ser escolhidos com cuidado.
- Os contornos das formas devem ser enfatizados, pois eles funcionam como seus limites.
- Quando se opta por formas arredondadas, deve-se seguir com elas até o final.
- O espaço vazio não deve ser confundido com o nada – portanto, deve ser ocupado.
- Uma imagem expressiva no espaço pode ser apenas um ponto.
- Uma imagem inexpressiva no espaço pode ser o mesmo ponto.

- Os pontos, as linhas e os planos são reproduções da abstração da mente humana tangíveis no espaço.
- Os pontos e as linhas (horizontais, verticais, diagonais, curvas ou espirais) são conteúdos ativos da composição.
- As linhas verticais e horizontais são estáticas.
- As linhas diagonais e curvas são dinâmicas.
- A organização espacial da superfície 2D considera a altura e a largura.
- A organização espacial da superfície 3D considera a altura, a largura e a profundidade.
- A superfície 3D torna-se dinâmica quando combinada com o tempo e o movimento.
- As composições podem ser abertas, quando são articuladas pela área interior.
- As composições podem ser fechadas, quando são reguladas por uma margem exterior.
- A luz é outro elemento da composição visual, que reproduz os principais contrastes (por exemplo, claro e escuro) e as cores.

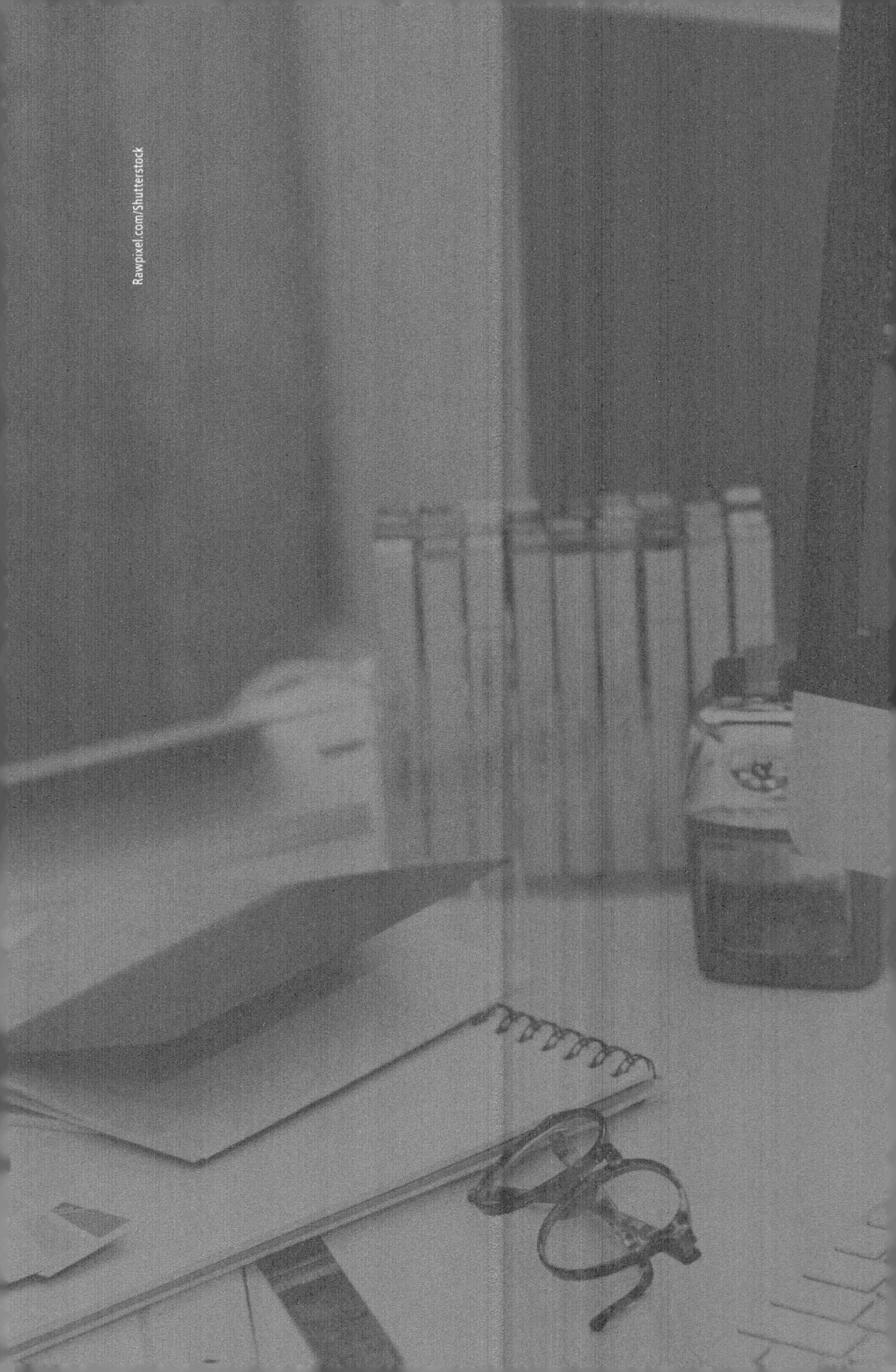

Rawpixel.com/Shutterstock

CAPÍTULO 2

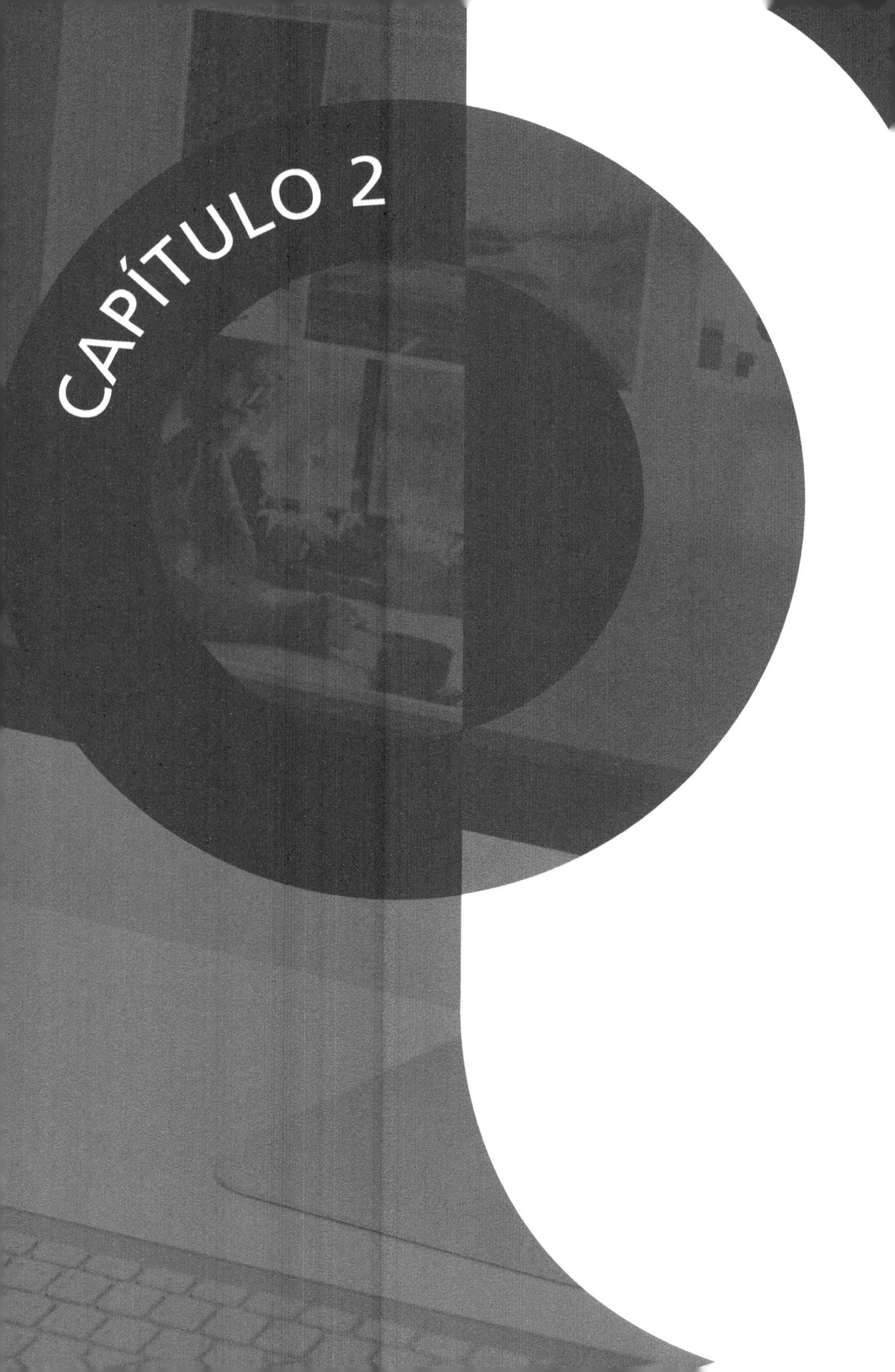

FUNDAMENTOS DA LINGUAGEM VISUAL II

CONTEÚDOS DO CAPÍTULO

- Ilusão de ótica.
- Gestalt.
- Leis da Gestalt.
- Cor e luz.
- Aspectos da representação visual.

APÓS O ESTUDO DESTE CAPÍTULO, VOCÊ SERÁ CAPAZ DE:

1. descrever a dinâmica da ilusão de ótica;
2. apontar a importância da Gestalt;
3. conceituar as leis da Gestalt;
4. identificar as diferenças de percepção causadas pela cor e pela luz;
5. distinguir os aspectos da representação visual.

No capítulo anterior, versamos sobre o que as imagens revelam aos olhos do espectador e as percepções do cérebro humano: visual, auditiva, gustativa, olfativa, tátil, espacial e de tempo e movimento. No intuito de trabalhar a maturidade gráfica expressiva, detalharemos a estrutura dos objetos por meio das superfícies – a **camada exterior**.

Os designers constantemente tomam decisões acerca do tamanho, da cor, da localização, da proporção, das relações e dos materiais, bem como do tema, do estilo e das imagens. Quando alguns fatores são predeterminados, o designer fica livre para refletir sobre outras partes da composição (Lupton, 2014).

Para se perceber uma forma, deve haver variações ou diferenças no campo visual, além de contrastes dos elementos que constituem o objeto.

As formas básicas são o círculo, o quadrado e o triângulo equilátero (e não qualquer triângulo). Parece que essas formas básicas, tão simples e desprezadas pela maior parte das pessoas, têm muitas características relativas à natureza da forma, aos ângulos, aos lados e às curvas. Por isso, vale a pena explorá-las segundo um método que elas sugerem (Munari, 1997).

Forma = ponto, linha, plano, textura e cor = conteúdo

Gestalt = leitura visual da forma

Gestalt = ABC da leitura visual

2.1 Ilusão de ótica

No estudo dos elementos da comunicação visual, a ilusão de ótica é muito importante, visto que o designer tem de projetar imagens e ter em conta o fundo sobre o qual elas aparecerão. Deve saber que pode projetar a figura desejada de tal modo que ela se destaque do fundo sem possibilidade de outras interpretações ou, então, pode, conscientemente, projetar uma ambivalência de imagens, de maneira que o negativo – considerando uma imagem de fotografia – também tenha o valor de comunicação visual o mais exato possível (Munari, 1997).

Ambas as técnicas são utilizadas para definir uma distorção causada na percepção visual. Isso ocorre quando os sentidos visuais enganam o cérebro e o observador vê algo que não está presente em determinada imagem.

Ilusão de ótica = distorção da percepção visual

A ilusão de ótica aparece quando a excitação cerebral processa a forma que está sendo visualizada, porém suas várias partes influenciam fortemente o processamento a ponto de enganar o discernimento do todo.

Vejamos o exemplo de um trilho de trem em perspectiva, conforme a Figura 2.1. Ao olharmos para essa imagem, temos a sensação de que as linhas horizontais azuis são de tamanhos diferentes: a que está mais acima parece mais larga. No entanto, ambas têm a mesma medida. As demais linhas pretas e a angulação das linhas verticais é que causam essa sensação errada da realidade.

Figura 2.1 – **Linhas horizontais azuis (iguais) em sua forma real**

NeslihanGorucu/Shutterstock

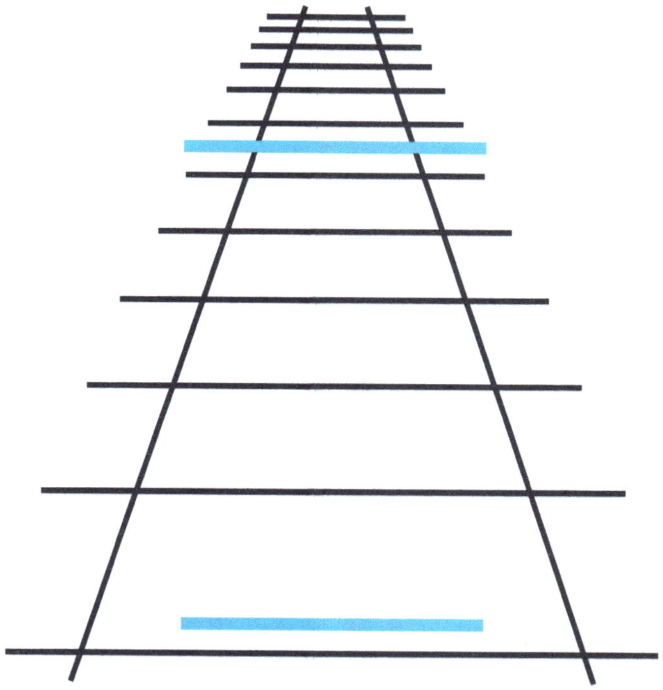

Isso acontece porque não vemos partes isoladas, mas relações entre elas, isto é, uma parte da outra. Para a nossa percepção, que é resultado de uma sensação global, as partes são inseparáveis do todo e são outra coisa que não elas mesmas fora desse todo (Gomes Filho, 2004).

As ilusões afetam todas as percepções humanas, de forma diferente no que diz respeito à interpretação dos sentidos, porém as visuais são as mais comuns de serem percebidas. Além disso, elas independem da razão e podem ser involuntárias.

Outro exemplo de ilusão de ótica bastante difundido é o ilustrado na Figura 2.2, Nas intercessões das linhas brancas, os pontos são pretos ou brancos? Na realidade, os pontos existentes são brancos.

Figura 2.2 – **Pontos pretos ou brancos?**

elsyl/Shutterstock

Na Figura 2.2, há outro exemplo de ilusão de ótica com linhas paralelas e quadrados: as linhas cinzas são retas ou curvas? Na realidade da imagem, as linhas são paralelas. É o deslocamento dos quadrados brancos e pretos que causa a sensação de curvatura das linhas cinzas.

No caso de composições dinâmicas – uma pista de dança numa discoteca, por exemplo –, a ilusão de ótica pode criar caminhos em grades de luz de LED (*Light Emitting Diode*, ou "díodo emissor de luz", em português) de acordo com o ritmo da música que estiver tocando.

2.2 Gestalt

A percepção visual, ou seja, das formas que enxergamos, assim como suas representações, aplica-se ao comportamento humano e difere a cada etapa da nossa vida.

Preste atenção!

Nós vemos formas, que estão contidas no mundo em nosso entorno.

Ver significa determinar que um objeto está presente em um espaço e que nele está cumprindo determinado papel.

Os desenhos de uma criança, por exemplo, não demostram maturidade justamente por não oferecerem conformidade com a aparência real das formas. A criança desenha aquilo que ela conhece e não o que ela vê. Os desenhos infantis derivam de uma fonte não visual e são baseados em conceitos abstratos e não percebidos. Os aspectos visuais humanos amadurecem ao longo da vida, assim como a firmeza no desenho nos torna mais seguros e mais capazes de reproduzir linhas adequadas com um lápis sobre o papel. Esse é o momento em que passamos a perceber aos poucos o mundo da realidade, ou seja, quando entendemos o espaço concreto.

Na Gestalt, a arte se fundamenta no princípio da pregnância da forma. Assim, na formação de imagens, os fatores de equilíbrio, clareza e harmonia visual constituem para o ser humano uma necessidade e, por isso, são considerados indispensáveis. Isso vale para uma obra de arte, um produto industrial, uma peça gráfica, um edifício, uma escultura ou qualquer outro tipo de manifestação visual (Gomes Filho, 2004).

Os contornos funcionam como limites. Essa função é importante, pois, ao mesmo tempo que delimitam e contêm um espaço interno, isolando-o do meio ambiente, os contornos determinam a forma do objeto. A noção fundamental é que a forma sempre significa organização, ordenação e estrutura. Essa organização pode estar apenas implícita, mas, quando percebemos os limites de uma forma, na realidade, já estamos percebendo sua estrutura (Ostrower, 1983).

A Gestalt é uma disciplina fundamental do design. Além de instrumentalizar o campo, ela torna o designer mais reflexivo e criativo em sua prática projetual, fortalecendo sua relação profissional com o espectador. A tarefa do designer é conceber projetos de várias naturezas que satisfaçam às necessidades dos indivíduos mantendo os padrões de determinada cultura (estilo) para que os entregáveis atinjam as expectativas formais previstas no escopo do projeto.

O **movimento gestaltista** – difundido com base no modelo de ensino da primeira escola de design do mundo, a Bauhaus, fundada na Alemanha em 1919 – dedicava-se à psicologia experimental. A Gestalt busca explicar por que algumas formas agradam mais do que outras (Gomes Filho, 2014).

Um bom exemplo é o de uma bicicleta. Existe uma unificação da forma de várias partes que a compõem e que unidas a constituem: quadro, garfo dianteiro, guidão, suporte do guidão, pedivela, pedais, freios, pneus, aros, selim, corrente e alavancas de câmbio, entre outros. Não se veem na bicicleta partes isoladas: a corrente depende do impulso dos pedais para a bicicleta sair do lugar; já os pneus, presos aos aros das rodas, são dependentes do quadro; a direção é regida pelo guidão, assim como a velocidade é mantida pelo câmbio. Ademais, a bicicleta precisa ser guiada por um ser humano.

Preste atenção!

A percepção humana é resultado de uma sensação global daquilo que se está observando: as partes são inseparáveis do todo.

A Figura 2.3 mostra uma bicicleta, que funciona como um corpo vivo, e cuja forma expressiva é um conjunto orgânico de várias outras partes. Existe um fator estético em sua estrutura que é extremamente relevante para seu entendimento: a proporção.

Figura 2.3 – **Bicicleta: cada parte em seu lugar constituindo o objeto**

Christian Nastase/Shutterstock

A **proporção** pode ser definida como a justa relação das partes entre si e de cada parte com o todo (Ostrower, 1983). Em outras palavras, é a medida dos objetos. Ainda no mesmo exemplo, a proporcionalidade das partes da bicicleta revela-se necessária no sentido de que nenhuma parte poderia ser alterada, adicionada ou subtraída sem que prejudicasse o todo: há uma coerência visual e formal única.

Se a bicicleta for pensada para o uso diário, por exemplo, deverá ter em sua forma elementos destacados que a tornem reconhecíveis para esse fim: cor, cesta, altura dos pedais e do quadro principal diferenciadas (em alguns países, as mulheres vão para o trabalho de saia e sapato de salto). Sim, a bicicleta pode ter gênero.

Dessa forma, o objeto bicicleta é maior do que suas partes, porém, sem qualquer uma delas, deixa de ser um meio de transporte. Sem harmonia visual, esteticamente ela deixa de ter valor como objeto industrial e perde sua personalidade perante a sociedade de consumo. Vale lembrar que a tarefa do designer é a de conceber projetos que satisfaçam às necessidades humanas nos aspectos formal, cultural e estético. Isso compreende sua forma, função e emoção – essa última está ligada aos sentimentos humanos.

Figura 2.4 – **Gestalt incompleta: objetos desconexos e sem sentido**

titov dmitriy/Shutterstock

As **leis da Gestalt** não são somente observadas nos objetos – no design de produto –, mas também estão presentes na comunicação visual. O campo do design gráfico mobiliza a competência das artes, da comunicação e do design. Esse profissional planeja visualmente as informações de jornais, revistas, livros, *folders* e cartazes e cria infográficos, *websites* e animações para o meio digital. A linguagem utilizada em projetos de design gráfico (DG) também equaciona fatores estéticos, simbólicos, técnicos, culturais e ambientais.

Para estudar a comunicação visual, é recomendável examinar esse tipo de mensagem e analisar seus componentes. Pode-se dividir a mensagem em duas partes: (1) a informação propriamente dita, transportada pela mensagem, e (2) o suporte visual. **Suporte visual** é o conjunto de elementos que tornam visível a mensagem, todas aquelas partes que a tornam perceptível e que devem ser consideradas e aprofundadas para serem utilizadas com a máxima coerência com relação à informação. São elas: textura, forma, estrutura, módulo e movimento (Munari, 1997). Os suportes visuais quando combinados constituem (ou não) uma boa forma visual.

2.2.1 Lei da proximidade

A lei da proximidade consiste na tendência dos indivíduos em agrupar as formas dos elementos em conjuntos numa composição visual.

Preste atenção!

A lei da proximidade ocorre quando as partes de uma totalidade recebem um mesmo estímulo visual e se unem em grupos no sentido da mínima distância. É comum agir juntamente com a lei da semelhança.

Por exemplo, no teclado de um piano, conforme mostra a Figura 2.5, percebem-se dois conjuntos de informação visual: um com as teclas brancas (Dó, Ré, Mi, Fá, Sol, Lá e Si) e outro com as pretas (Dó sustenido/Ré bemol, Ré sustenido/Mi bemol, Fá sustenido/Sol bemol, Sol sustenido/Lá bemol e Lá sustenido/Si bemol). A formação de doze notas constitui uma oitava.

Figura 2.5 – **Teclado de piano**

Mitand73/Shutterstock

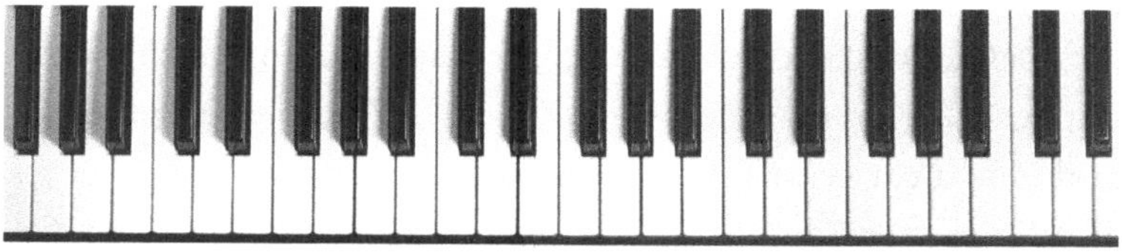

Nas teclas do piano, é aparentemente mais fácil perceber duas unidades visuais, porém o olho humano pode perceber infinitas quantidades dependendo do contexto. Esse fenômeno acontece porque o tratamento visual de cada um dos conjuntos é igual em sua forma e em sua cor.

Outro exemplo é a paleta de cores (Figura 2.6). Nela, percebem-se dois conjuntos de informação visual: um com as tintas e outro com a própria paleta (em sua forma circular). As tintas, coloridas ou não, são unidades iguais próximas e são percebidas pelo cérebro como um só conjunto.

Figura 2.6 – **Paleta de cores**

GzP_Design/Shutterstock

Analisemos como acontece a percepção das formas num cartaz impresso. Na composição a seguir (Figura 2.7), além do espaço preenchido na cor vermelha, têm-se quatro conjuntos de informação visual: um formado por uma única imagem de um par de tênis com um microfone; outro é o título "Grunge Fest"; o terceiro constitui as informações de data, local, dia e hora do evento – "1996 DEAD STREET BOULEVARD CA 06 JANUARY 9 PM" –; e as demais informações textuais constituem o quarto conjunto – "THE HEADLINE, THE LINEUP, THE YOUR BAND, RIGHT HERE, YES HERE, EVERYWHERE BUT HERE".

Figura 2.7 – **Cartaz de evento**

Ajaibs/Shutterstock

2.2.2 Lei da semelhança

A lei da semelhança consiste na tendência de os indivíduos agruparem unidades visuais semelhantes entre si, levando em consideração aspectos como forma, cor, tamanho e peso. Com a lei da proximidade, a lei da semelhança não deixa dúvida no reconhecimento das coisas.

Preste atenção!

A lei da semelhança ocorre quando são apresentados vários elementos de diferentes classes e há uma tendência em construir grupos com elementos iguais. É comum se associar à lei da proximidade.

Semelhança e proximidade são dois fatores que, além de concorrerem para a formação de unidades, promovem a unificação do todo, daquilo que é visto, no sentido da harmonia, da ordem e do equilíbrio visual (Gomes Filho, 2004).

Por exemplo, considere um celular e um *notebook* de um mesmo fabricante. Existem muitas semelhanças entre seus elementos, que vão desde os metais que constituem seus produtos – as matérias-primas – até os ícones e a lógica de navegação de seus sistemas operacionais internos. Esse fenômeno chama-se *usabilidade*, disciplina do campo do design que consiste na facilidade de uso com satisfação do usuário em interfaces digitais. O reconhecimento de formas e eventos já conhecidos facilita a aprendizagem cerebral humana e, por isso, o uso contínuo de objetos tecnológicos da mesma marca é muito mais prazeroso, visto que não é exigido do cérebro o trabalho de aprender a usar os aparelhos, pois ele já aprendeu a fazê-lo – inconscientemente, o aprendizado ficou guardado na memória.

Retomando o exemplo da Figura 2.7, observa-se que a lei da semelhança encontra-se na repetição da fonte utilizada na informação textual do cartaz, nas cores preto e amarelo, assim como no alinhamento à esquerda das informações de data, local, dia e hora do evento e das demais informações textuais das bandas que se apresentarão.

2.2.3 Lei da pregnância

A lei da pregnância da forma tem como diferencial ser aplicada a todos os projetos de design: trata da qualidade das informações formais.

Preste atenção!

Quanto mais claras forem as informações visuais, maior será a pregnância; quanto pior ou mais confusa for a organização das informações, menor será o grau de pregnância. É comum ser aplicada concomitantemente à lei da simetria. Em projetos de design, existem alta, média e baixa pregnância.

Na Figura 2.8, a seguir, a imagem da vista aérea da cidade de Hong Kong apresenta índices de pregnância por ser complexa (contém excesso de unidades formais).

Figura 2.8 – **Vista de cima da cidade de Hong Kong**

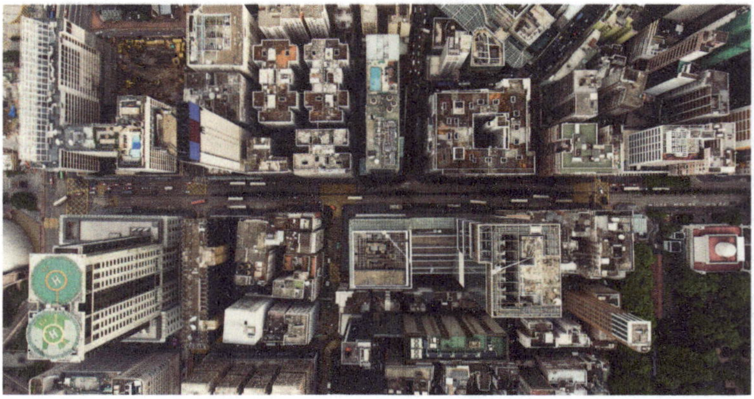

GaudiLab/Shutterstock

Em outro exemplo, a imagem do interior de um teatro em Vienna, na Áustria, apresenta índices de alta pregnância em razão do alto grau de organização formal (harmonia e equilíbrio visual).

Figura 2.9 – **Interior do Vienna State Opera House**

posztos/Shutterstock

Usando novamente o exemplo da Figura 2.7, a lei da pregnância encontra-se alta, pois a organização visual das informações do cartaz é de fácil compreensão e rapidez na leitura e na interpretação.

As forças de organização da forma tendem a se dirigir tanto quanto o permitam as condições dadas, no sentido da harmonia e do equilíbrio visual (Gomes Filho, 2004).

A **legibilidade** e a **leiturabilidade** são dois conceitos fundamentais em composições visuais que envolvem o tema da tipografia no que diz respeito à lei da pregnância. Ambas se referem à facilidade da leitura: a primeiro leva em consideração a forma, o contorno, a largura, a entrelinha e a entreletra; e a segunda está intimamente ligada ao conforto visual do tipo escolhido e à facilidade com que a visão reconhece a mensagem e se move ao longo das linhas do texto. Assim, uma letra pode ser individualmente legível, porém, em conjunto numa frase, pode não combinar e dificultar o ritmo da leitura. Nesse caso, talvez seja preciso alterar manualmente alguns aspectos tipográficos da fonte. Embora a maioria dos programas de edição de texto já ofereçam automaticamente esse recurso, na criação de identidades visuais essa correção deve ser feita manualmente pelo designer.

Figura 2.10 – **Marcas Coffee**

Gryva/Shutterstock

Na Figura 2.10, as marcas Coffee que não utilizam fonte cursiva são um bom exemplo de composições com alta pregnância, legibilidade e leiturabilidade.

2.2.4 Lei do fechamento

Na lei do fechamento, as formas apresentadas transmitem a sensação de fechamento visual, podendo seus elementos, inclusive, transmitir mais de uma mensagem numa composição. As circunferências, os quadriláteros ou os triângulos produzem o efeito do fechamento.

As linhas que circundam uma superfície são percebidas mais facilmente como figura, e esta acaba se sobressaindo na composição. A sensação do fechamento visual da forma combina com a percepção dos conjuntos, que é a lei da proximidade; é no agrupamento dos elementos que visualizamos uma figura mais completa/fechada.

É importante não confundir a sensação de fechamento sensorial, de que trata a lei da Gestalt, com o fechamento físico, que é o contorno dos elementos presente em praticamente todas as formas de objetos (Gomes Filho, 2004).

Figura 2.11 – **Símbolo de monograma de design**

Udinjamal/Shutterstock

2.2.5 Lei da experiência ou da familiaridade

A lei da experiência ou da familiaridade guarda relação com nossas experiências individuais e ao reconhecimento das coisas que nos são familiares.

Desde pequenos, somos submetidos a diversas informações visuais e aprendemos a nomear os objetos que somos capazes de reconhecer. Quando ficamos mais velhos ou experientes, as imagens agem diretamente em nosso cérebro para serem decodificadas sem que tenhamos o entendimento desse trabalho.

No exemplo da Figura 2.12, a seguir, a ilusão do pato-coelho, uma imagem ambígua em que um coelho ou um pato podem ser reconhecidos por nós, evidencia que nosso cérebro pode nos guiar de diversas maneiras na interpretação de uma mesma imagem. Isso pode ocorrer em razão da aprendizagem da infância e da carga cognitiva aprendida ou simplesmente dos dois lados do cérebro, esquerdo (lógica) *versus* direito (criatividade).

Figura 2.12 – **Pato ou coelho?**

tony4urban/Shutterstock

2.2.6 Lei da simetria

A lei da simetria refere-se ao equilíbrio axial, eixo imaginário que divide a composição em duas partes iguais.

As formas primárias círculo, quadrado e triângulo são os melhores exemplos de simetria. A biologia, a matemática, a química, a física e a estética observam essa lei.

Um projeto simétrico, que apresente os mesmos elementos em pelo menos dois lados de um eixo comum, é naturalmente estável (Lupton, 2014). O equilíbrio visual ocorre quando o peso de uma ou de mais formas está distribuído igualmente no espaço.

Muitos organismos naturais têm forma simétrica. O mesmo peso para braços e pernas ajuda a garantir a mobilidade estável de uma criatura; uma árvore desenvolve uma distribuição equivalente de peso em torno de seu centro a fim de manter-se ereta; e os braços de uma estrela-do-mar irradiam-se a partir do centro do animal (Lupton, 2014).

Apresentamos um exemplo de simetria na Figura 2.13, com uma forma triangular comum encontrada em templos egípcios. Trata-se de uma obra arquitetônica conhecida mundialmente.

Figura 2.13 – **Pirâmide de Gizé na cidade de Cairo, no Egito**

Mikael Damkier/Shutterstock

Existem composições visuais com mais de um eixo simétrico, nas quais se cria a sensação de movimento. Repare nos claustros históricos da Universidade de Glasgow, conforme a Figura 2.14, cuja galeria de arcos representa a arquitetura moderna do final do século XIX e do início do século XX. Esse movimento artístico consiste no racionalismo geométrico e destaca a percepção da simetria *versus* o volume.

Figura 2.14 – **Claustros da Universidade de Glasgow, na Escócia**

Jane Rix/Shutterstock

Por mais que a visão humana busque o eixo simétrico nas imagens, muitas composições visuais são assimétricas. A simetria não é o único meio de atingir o equilíbrio numa composição utilizando o fundamento visual do contraste. Por exemplo, o designer pode conferir estabilidade à imagem mantendo o ritmo por meio da repetição. Assim como o princípio do contraste guia o olhar do espectador pelos elementos visuais apresentados na composição pela hierarquia, a repetição é uma característica que também confere valor visual.

Figura 2.15 – **Repetição na forma dos carros estacionados numa loja**

lumen-digital/Shutterstock

2.2.7 Lei da continuidade

A boa forma dessa lei da Gestalt consiste na estabilidade das estruturas no sentido de que a impressão visual das partes seja coerente com os movimentos que sugerem. É comum a lei da continuidade agir juntamente com a lei do fechamento. Além disso, ela tem elementos da lei da experiência, ou lei da familiaridade.

Preste atenção!

A lei da continuidade consiste na articulação das partes de uma composição visual cujas unidades indicam uma direção ou um destino claro para que o espectador as perceba e entenda a mensagem sem dificuldades no sentido de sua estrutura formal.

A boa continuidade, ou boa continuação, chama-se ***fluidez visual***.

É também a tendência dos elementos acompanharem uns aos outros, de maneira que permitam a boa continuidade, como pontos, linhas, planos, volumes, cores, texturas, brilhos, degradês e outros aspectos, ou de um movimento numa direção já estabelecida (Gomes Filho, 2004).

Figura 2.16 – **Dominó em sequência**

KerrysWorld/Shutterstock

2.2.8 Lei da figura-fundo

O princípio da lei da figura-fundo é o de maior força e transcendência de todos os expostos, pois engloba todos os demais. As relações de figura-fundo definem a percepção visual.

Uma figura (forma) é sempre depreendida em relação ao que a rodeia (fundo) – as letras e a página, um edifício e seu terreno, uma escultura e o espaço dentro dela e em torno dela, o assunto de uma foto e o ambiente a sua volta, e assim por diante. Uma forma preta num campo preto não é visível, pois, sem separação e contraste, a forma desaparece (Lupton, 2014).

Preste atenção!

A lei da figura-fundo trata do princípio de maior força das formas. Muitas estruturas formais só se constituem figuras definidas quando são recortadas por um fundo mais neutro.

Figuras-fundo também são conhecidas como *negativo* e *positivo* em projetos de identidade visual, compondo o manual da marca. O designer muitas vezes utiliza esse recurso numa composição para desafiar o espectador a encontrar um ponto focal. A ambiguidade pode predominar numa composição propositadamente.

Trata-se de um clássico da Gestalt a imagem da Figura 2.17: o que se vê num primeiro momento são duas faces ou um vaso? Não se pode ver objetos sem separá-los de seu fundo, e a estrutura da forma resultante depende da cor (preta ou branca) para a qual olhamos primeiro. O contraste das formas nessa composição – estímulo visual – é tão forte que exerce um controle forçado no mecanismo receptor do indivíduo.

Figura 2.17 – **Dois rostos ou um vaso?**

Peter Hermes Furian/Shutterstock

2.3 Cor e luz

Manifestações visuais bem-organizadas, unificadas e, portanto, harmoniosas e equilibradas apresentam uma ordem que se traduz em clareza, do ponto de vista de decodificação, e compreensão imediata do todo (Gomes Filho, 2004), independentemente de sua paleta de cores ser em preto e branco ou colorida.

O design gráfico já foi visto como uma atividade fundamentalmente em preto e branco – o que não é mais o caso, pois a cor passou a integrar o processo de design. A impressão em cor, antes um luxo, virou rotina. Um número infinito de matizes e intensidades dá nova vida à mídia moderna, revigorando a página, a tela e o ambiente construído, compondo com atratividade e significado (Lupton, 2014).

Aliado à clareza da composição visual, aparece o conceito de simplicidade, quando a organização visual é unificada em seu mais alto grau de minimidade. Nesse caso, incluem-se as quantidades das formas e das cores utilizadas na composição. Já o conceito de complexidade, oposto ao da simplicidade visual, contém uma grande quantidade de unidades formais em sua organização e é classificado como baixa pregnância. A complicação visual não costuma ser muito utilizada pelos designers, visto que não é bem compreendida pela nossa visão.

A **minimidade** é uma técnica econômica de ordenação visual frugal na utilização de elementos numa composição ou num objeto. A clareza e a simplicidade estão naturalmente implícitas nessa técnica, qualquer que seja a manifestação visual (Gomes Filho, 2004).

Um dos primeiros exercícios do curso básico de Visual Design é o estudo das superfícies, visto que qualquer imagem que o designer tenha de estudar para qualquer comunicação visual deverá conter também esse aspecto. Usamos o termo *também* porque não é só a forma que é necessário estudar, mas também a aparência (Munari, 1997).

A cor é a parte mais emotiva do processo visual, pois apresenta uma grande força e pode ser empregada para expressar e reforçar a informação visual. É um recurso poderoso do ponto de vista sensorial (Gomes Filho, 2004).

O uso da cor em projetos de design pode considerar a correspondência com os materiais existentes na natureza – madeira, palha, metal – ou cores produzidas industrialmente. Independentemente disso, é importante lembrar que, sem a claridade, os olhos não podem contemplar as formas, as cores e os espaços e muito menos os movimentos.

Preste atenção!

Pré-requisito para quase todas as atividades humanas, a luz representa experiências singulares e fundamentais para a percepção visual. As cores só existem onde há luz.

As cores estão na natureza, porém as associações estabelecidas pelo cérebro humano diante delas se explicam justamente pela não exposição dos objetos 24 horas à luz natural – para a teoria da cor, considera-se tanto a luz do Sol quanto à da lâmpada elétrica. Parte do nosso dia é claro, parte é sem luz. Qual é a cor de um lençol branco pendurado no varal de casa de manhã, de tarde e de noite? Com certeza, não é a mesma, mas, se na embalagem do produto estiver escrito *branco*, assim o classificamos em ambientes com ou sem luz.

Figura 2.18 – **Cor em composição visual natural: lençol branco no varal**

Volkova Vera/Shutterstock

A percepção de cor não é a mesma para pessoas de diferentes idades, formações e culturas. O mundo das pessoas é o mundo das formas dos objetos cuja percepção individual é variável. Sem dúvida, o fenômeno da percepção das cores é baseado essencialmente no desenvolvimento cultural do indivíduo.

> **Preste atenção!**
>
> Toda aparência visual deve sua existência à luz e à cor.

Outro exemplo da importância das cores em projetos de design é a situação vivenciada nos cinemas. Quem nunca entrou numa sala de cinema com o filme já começado? A situação é breve, porém é preciso parar, esperar alguns segundos para andar ainda com dificuldades e poder sentar-se. Essa é a maior prova de que a retina leva para nosso cérebro informações a respeito da luz em determinado contexto e de que a cor não existe, já que em ambientes escuros não a percebemos.

No design de embalagens, as cores completam o invólucro, revestindo-o de visibilidade, atração e impacto (Cesar, 2000). A embalagem tem alto potencial comunicativo com o consumidor, e é na gôndola dos supermercados que essa atração acontece de forma mais intensa, persuadindo o cliente e induzindo-o à compra. As cores se tornam inesquecíveis quando são utilizadas adequadamente num produto; o indivíduo as percebe até mesmo antes de reconhecer as marcas em si. Por exemplo, dizemos que a Coca-Cola é vermelha, a Pepsi é azul e o Guaraná Antarctica é verde. Essas cores estão atreladas às empresas que representam e constituem sua principal personalidade, podendo ser reconhecidas até mesmo sem seus símbolos ou logotipos.

A apreensão, a transmissão e o armazenamento da informação cor (como contexto cultural) são regidos por códigos culturais que interferem e sofrem interferência dos outros dois tipos de códigos da comunicação humana: os de linguagem e os biofísicos (Guimarães, 2000).

A cor pode ser explorada para diversas finalidades funcionais, psicológicas, simbólicas, mercadológicas, cromoterápicas e outras (Gomes Filho, 2004). Ela é inteiramente modificada pela luz; a iluminação de uma cor afeta a interpretação de uma obra de arte de modos diferentes. Seus contrastes classificam a composição com harmonia visual ou não.

Nas composições, segundo a psicologia das cores, pode-se afirmar que elas são usadas para estimular, acalmar, afirmar, negar, decidir e, até mesmo, curar. No momento da criação de uma interface, como uma embalagem ou um anúncio para o jornal, é importante ter como base os estudos e as associações psicológicas do homem diante das cores.

É inegável que reagimos de maneira mais emotiva do que racional diante das cores. Por isso, a propaganda e os meios de comunicação abusam delas, extraem delas o máximo para despertar sensações, atrair e influenciar o consumo (Cesar, 2000). Existe a hipótese da existência de uma relação sensorial pelo indivíduo no uso das cores, visto que elas, usadas em embalagens, remetem a características do sabor e do cheiro dos produtos.

2.4 Jogos de percepção

Um bom exemplo no qual os fenômenos da luz e da cor atuam de forma perfeita em composições visuais são os jogos de percepção. Cada indivíduo, por meio de variados modos, percebe o mundo, produz significados, seleciona e se recompõe tendo como base experiências anteriores.

A Figura 2.19 reproduz a fotografia de uma escola de samba desfilando na avenida, evidenciando quão complexo é criar fantasias e alegorias utilizando-se a percepção de tempo e movimento. As escolas de samba são compostas de alas, e cada uma tem a mesma fantasia baseada no enredo principal. Algumas delas, tais como a ala das baianas, desfilam na avenida fazendo uma apresentação coreográfica, e suas fantasias são criadas para serem vistas em conjunto e em movimento. Trata-se de um espetáculo inesquecível para o espectador, em que todas as percepções ficam aguçadas. Esse fenômeno acontece porque as cores são misturadas no olho.

Figura 2.19 – **Escola de samba Grande Rio no desfile de abril de 2022**

A.PAES/Shutterstock

2.5 Representação visual

A representação visual fornece subsídios para o procedimento criativo do designer, independentemente do tipo de projeto.

> representação visual = leitura visual da forma

Representar visualmente uma ideia é pensar antes de organizar o espaço – estático ou dinâmico – no qual as informações visuais de forma, tamanho, cor, textura e estrutura serão inseridas.

2.5.1 Forma

A forma é o aspecto físico dos objetos e dos seres com suas partes e suas características. É elemento fundamental da representação visual.

A seguir, apresentamos imagens dos diferentes tipos de forma, de acordo com as aspectos nos quais ela pode ser classificada.

- Simples *versus* complexa

Figura 2.20 – **Forma simples: clipe de papel**

mylisa/Shutterstock

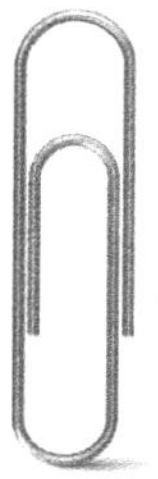

Figura 2.21 – **Forma complexa: arame farpado**

Natykach Nataliia/Shutterstock

- Clara *versus* profusa

Figura 2.22 – **Forma clara: tomate cereja**

Elizabet Aleksandrova/Shutterstock

Figura 2.23 – **Forma profusa: raízes de árvores centenárias**

siambizkit/Shutterstock

- Separada *versus* agrupada

Figura 2.24 – **Forma separada: indivíduo**

Nobelus/Shutterstock

Figura 2.25 – **Forma agrupada: vários indivíduos**

Nobelus/Shutterstock

- Abstrata *versus* figurativa

Figura 2.26 – **Forma abstrata**

agsandrew/Shutterstock

Figura 2.27 – **Forma figurativa**

suerz/Shutterstock

- Definida *versus* ambígua

Figura 2.28 – **Forma definida: borboleta**

Vladimirkarp/Shutterstock

Figura 2.29 – **Forma ambígua: camaleão**

Andronos Haris/Shutterstock

- Geométrica *versus* orgânica

Figura 2.30 – **Forma geométrica: polígono**

MiniStocker/Shutterstock

Figura 2.31 – **Forma orgânica: limão**

Maks Narodenko/Shutterstock

- Reta *versus* curva

Figura 2.32 – **Forma reta: listrado vertical**

Siu-Hong Mok/Shutterstock

Figura 2.33 – **Forma curva: linhas onduladas**

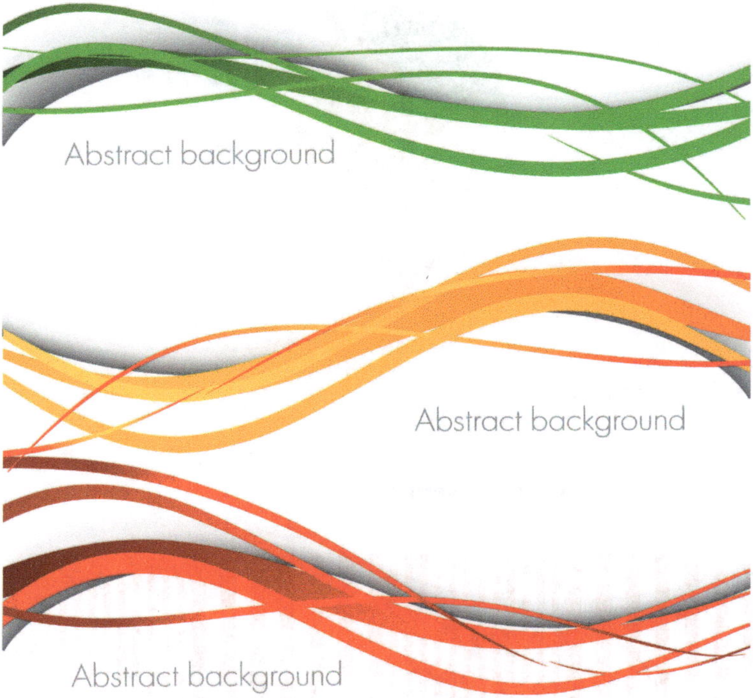

Hluboki Dzianis/Shutterstock

- Simétrica *versus* assimétrica

Figura 2.34 – **Forma simétrica: metade de uma maçã**

PixaHub/Shutterstock

Figura 2.35 – **Forma assimétrica: salada de frutas**

Nitr/Shutterstock

- Completa *versus* incompleta

Figura 2.36 – **Forma completa: maçã inteira**

grey_and/Shutterstock

Figura 2.37 – **Forma incompleta: maçã mordida**

Alex Staroseltsev/Shutterstock

- Convexa *versus* côncava

Figura 2.38 – **Forma convexa: Lua**

Jaroslav Noska/Shutterstock

Figura 2.39 – **Forma côncava: antena**

Petair/Shutterstock

- Leve *versus* pesada

Figura 2.40 – **Forma leve: folha**

Dewin ID/Shutterstock

Figura 2.41 – **Forma pesada: feixes de aço**

Mr. Kosal/Shutterstock

- Normal *versus* distorcida

Figura 2.42 – **Forma normal: vista de frente**

THONGCHAI.S/Shutterstock

Figura 2.43 – **Forma distorcida: vista de cima**

Bigone/Shutterstock

2.5.2 Espaço

O **espaço** é o volume ocupado pela forma. Torna-se mais impactante na variante tridimensional por constituir altura, profundidade e largura (relevo).

A seguir, apresentamos imagens dos diferentes tipos de espaço, de acordo com as aspectos de classificação.

- Cheio *versus* vazio

Figura 2.44 – **Forma cheia e forma vazia: copo**

Apostle/Shutterstock

- Perto *versus* longe

Figura 2.45 – **Espaço perto: cadeira próxima**

Vector_Up/Shutterstock

Figura 2.46 – **Espaço longe: cadeira afastada**

Photographee.eu/Shutterstock

- Bidimensional (2D) *versus* tridimensional (3D)

Figura 2.47 – **Espaço bidimensional: nota de cem reais**

rafastockbr/Shutterstock

Figura 2.48 – **Espaço tridimensional: bolo de notas de cinquenta reais**

Luis Carlos Torres/Shutterstock

- Contido *versus* sangrado

Figura 2.49 – **Espaço contido: navio no mar**

MAGNIFIER/Shutterstock

Figura 2.50 – **Espaço sangrado: contêineres**

NESPIX/Shutterstock

2.5.3 Tamanho

A seguir, apresentamos imagens dos diferentes tipos de **tamanho**, de acordo com as aspectos em que ele pode ser classificado.

- Grande *versus* pequeno

Figura 2.51 – **Tamanho grande: abelha**

Aleksandr Rybalko/Shutterstock

Figura 2.52 – **Tamanho pequeno: colmeia**

Aleksandr Rybalko/Shutterstock

- Largo *versus* estreito

Figura 2.53 – **Tamanho largo: ponte**

SantaGig/Shutterstock

Figura 2.54 – **Tamanho estreito: ruela**

Frans Blok/Shutterstock

- Grosso *versus* fino

Figura 2.55 – **Tamanho grosso: prego**

Jiri Hera/Shutterstock

Figura 2.56 – **Tamanho fino: alfinete**

Makstorm/Shutterstock

- Expandido *versus* condensado

Figura 2.57 – **Tamanho expandido: canivete suíço aberto**

Jaromir Urbanek/Shutterstock

Figura 2.58 – **Tamanho condensado: canivete suíço fechado**

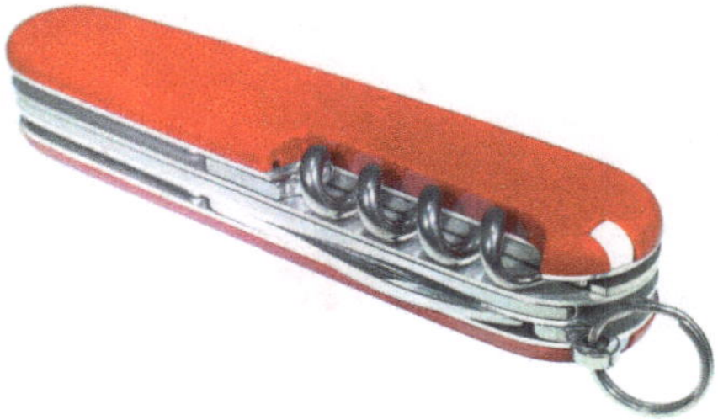

inimma/Shutterstock

- Fundo *versus* raso

Figura 2.59 – **Tamanho fundo: xícara de café**

Prostock-studio/Shutterstock

Figura 2.60 – **Tamanho raso: prato**

Suradech Prapairat/Shutterstock

- Normal *versus* negrito

Figura 2.61 – **Tamanho normal**

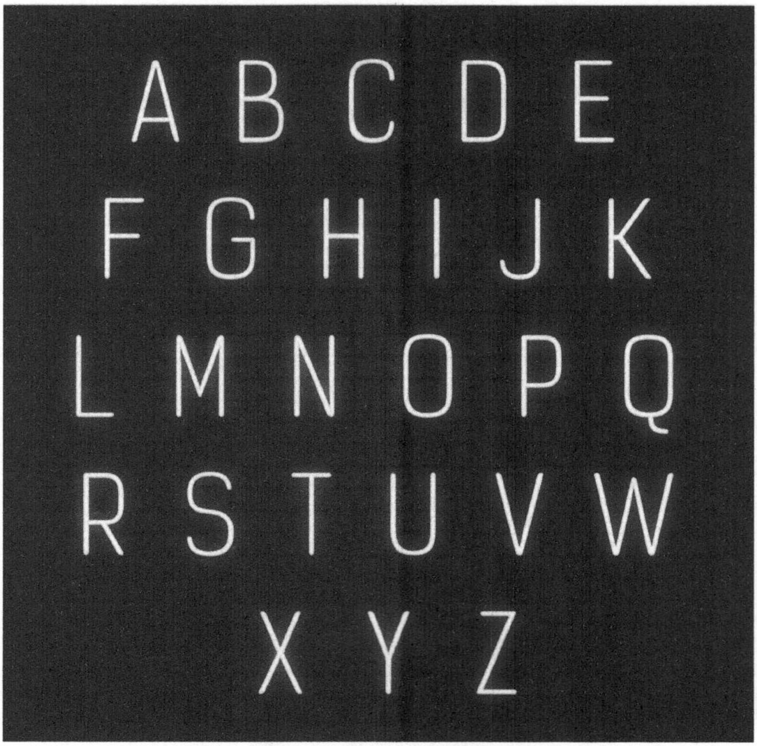

RedlineVector/Shutterstock

Figura 2.62 – **Tamanho negrito**

Nataletado/Shutterstock

2.5.4 Cor

A seguir, apresentamos imagens dos diferentes tipos de cor, de acordo com as aspectos nos quais ela pode ser classificada.

- Preto e branco (p&b) *versus* colorida

Figura 2.63 – **Floral (p&b)**

Irina_QQQ/Shutterstock

Figura 2.64 – **Floral colorido**

Irina_QQQ/Shutterstock

- Clara *versus* escura

Figura 2.65 – **Cor clara: dia**

Ed Connor/Shutterstock

Figura 2.66 – **Cor escura: noite**

Krivosheev Vitaly/Shutterstock

- Quente *versus* fria

Figura 2.67 – **Cor quente: rosas vermelhas**

PhotoHouse/Shutterstok

Figura 2.68 – **Cor fria: rosas azuis**

Evgeniyqw/Shutterstock

2.5.5 Textura

A seguir, apresentamos imagens dos diferentes tipos de textura, de acordo com as aspectos nos quais ela pode ser classificada.

- Suave *versus* áspera

Figura 2.69 – **Textura suave: algodão-doce**

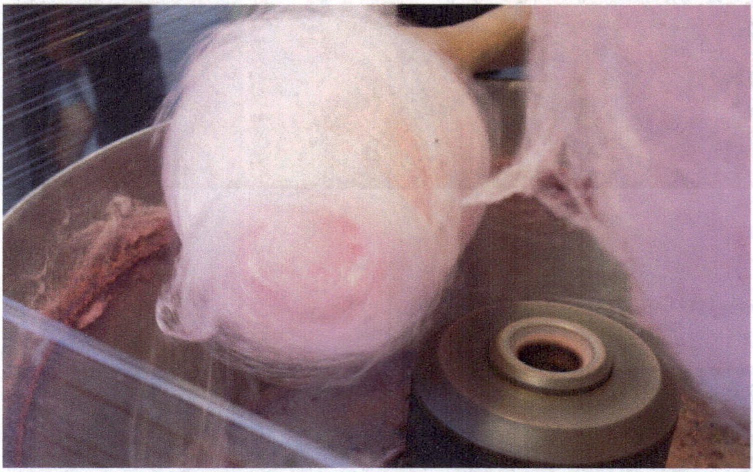

carballo/Shutterstock

Figura 2.70 – **Textura áspera: concreto**

Jetidson/Shutterstock

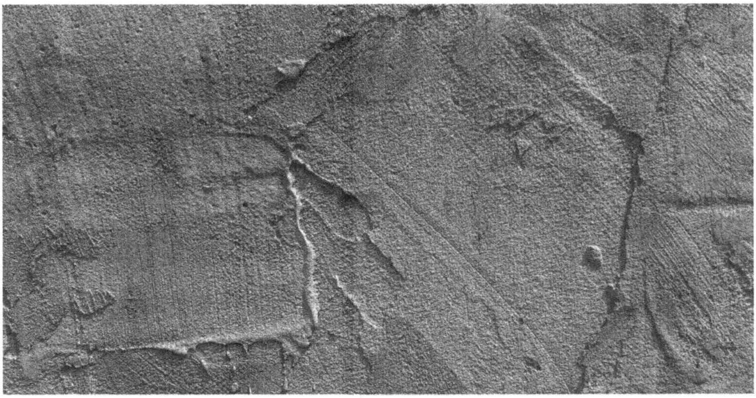

- Lisa *versus* enrugada

Figura 2.71 – **Textura lisa: tecido**

HIPHUB/Shutterstock

Figura 2.72 – **Textura enrugada: lantejoulas**

HIPHUB/Shutterstock

- Brilhosa *versus* mate

Figura 2.73 – **Textura brilhosa: pedras polidas**

DSBfoto/Shutterstock

Figura 2.74 – **Textura mate: pedras naturais**

vilax/Shutterstock

2.5.6 Estrutura

A seguir, apresentamos imagens dos diferentes tipos de estrutura, de acordo com as aspectos nos quais ela pode ser classificada.

- Cartesiana *versus* casual

Figura 2.75 – **Estrutura cartesiana: padronagem**

Curly Pat//Shutterstock

Figura 2.76 – **Estrutura casual: sem padrão**

katyalitvin/Shutterstock

- Estável *versus* em movimento

Figura 2.77 – **Estrutura estável: teclado**

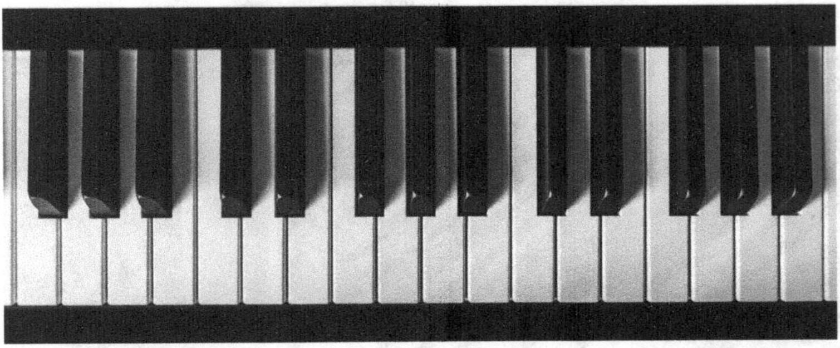

Figura 2.78 – **Estrutura em movimento: teclado espiral**

- Ativa *versus* passiva

Figura 2.79 – **Estrutura ativa: pulo**

Philipp Salveter/Shutterstock

Figura 2.80 – **Estrutura passiva: ioga**

Gergely Zsolnai/Shutterstock

- Com serifa *versus* sem serifa

Figura 2.81 – **Estrutura com serifa**

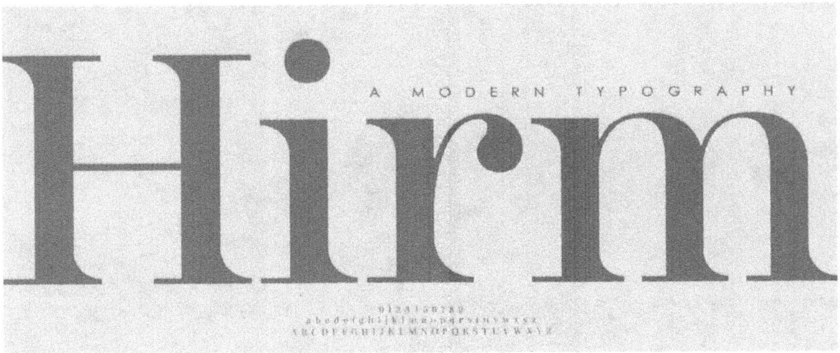

geen graphy/Shutterstock

Figura 2.82 – **Estrutura sem serifa**

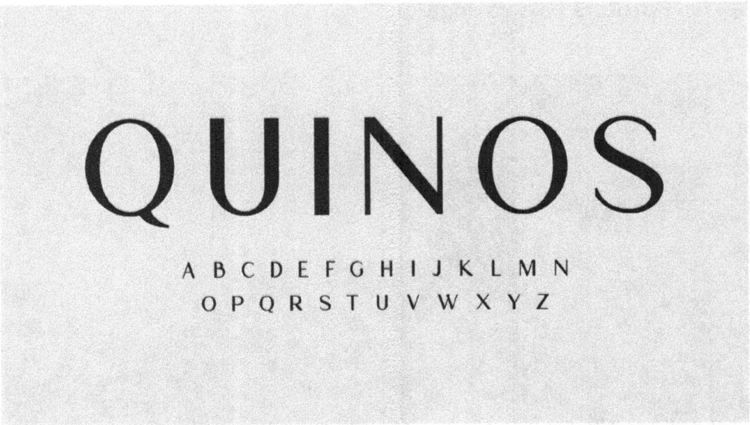

Haqqani Slabs/Shutterstock

SÍNTESE

Comunicação visual é quase é tudo o que nossos olhos veem: uma nuvem, uma flor, um desenho técnico, um sapato, um cartaz, uma libélula, um telegrama (excluindo o conteúdo) ou uma bandeira. Trata-se de imagens que, como todas, têm um valor diferente e transmitem informações distintas, segundo o contexto em que são inseridas (Munari, 1997).

Uma boa comunicação visual num projeto se define quando a Gestalt se completa. Isso significa que a solução gráfica encontrada tem alta pregnância em seu aspecto formal, independentemente das demais leis. Estas são específicas para cada tipo de projeto; por isso, deve-se treinar o olho para esculpir espaços em branco para compor formas.

A percepção da cor pelo homem depende não apenas da pigmentação das superfícies, mas também da intensidade e do tipo de luz do ambiente. Ainda, uma cor depende de outra ser percebida, como o exemplo da Figura 2.15. A cor existe no olho do observador, pois ele só pode percebê-la quando a luz é refletida por um objeto ou emitida por uma fonte (Lipton, 2014).

A hierarquia é a ordem de importância dos elementos dentro das composições visuais. Ela se exprime visualmente por meio de tamanhos, cores, espaços e posicionamentos. Criar regras e instruções é parte do trabalho do designer, porém transcendê-las é sua obrigação para gerar resultados inovadores.

Nesse sentido, são válidas as seguintes equivalências:

Gestalt = regras da boa forma

Gestalt = regras da organização visual

As regras da boa forma são estudadas no campo do design independentemente da subárea: design gráfico, design de moda, design de interiores, *web* design, design de produtos, design digital, design educacional, design de *games*, design de animação ou design de carnaval.

Por fim, as regras foram feitas para serem quebradas. Um bom designer pode, eventualmente, ter composições interpretadas de maneiras diferentes, mas jamais se poderá dizer que não foram bem-planejadas se o resultado for corretamente interpretado.

BongkarnGraphic/Shutterstock

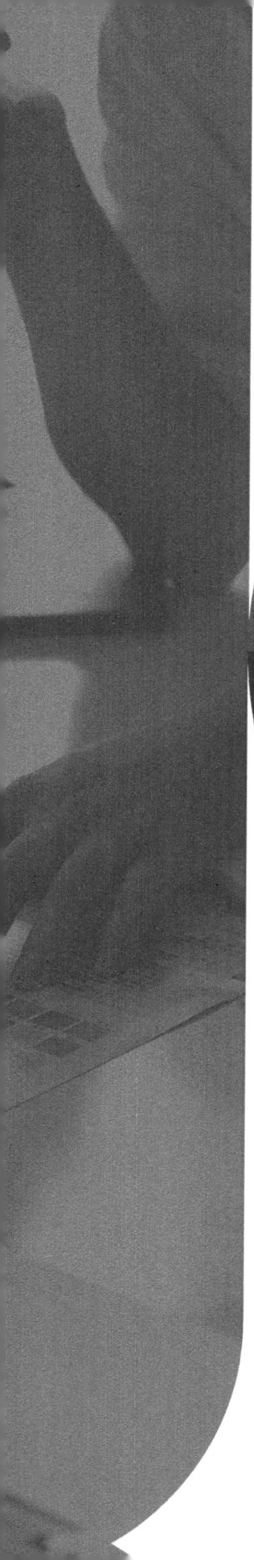

CAPÍTULO 3

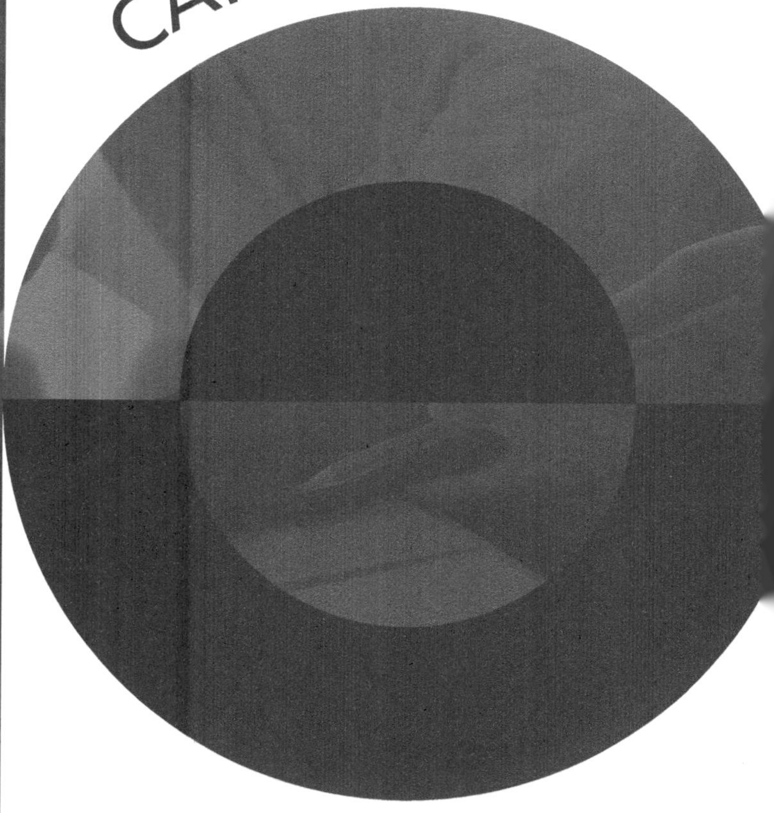

PLANEJAMENTO VISUAL I

CONTEÚDOS DO CAPÍTULO

- Design gráfico.
- Mídia impressa.
- Hierarquia visual.
- Consistência.
- *Grids*.

APÓS O ESTUDO DESTE CAPÍTULO, VOCÊ SERÁ CAPAZ DE:

1. indicar a importância da área de design gráfico;
2. identificar os diversos tipos de mídia impressa;
3. organizar harmonicamente o conteúdo de uma mídia impressa;
4. verificar a consistência visual de um anúncio ou de uma propaganda;
5. usar *grids* para melhorar a percepção de uma comunicação visual.

Planejar visualmente uma ideia, um produto ou um serviço é tarefa para o designer gráfico – seguindo os preceitos da criatividade. Isso significa que a matéria-prima do planejamento visual é a criatividade, entendida aqui como a capacidade de inovação.

Inovações tecnológicas são rapidamente lançadas no mercado e as empresas que não conseguem transmitir diferenciais perceptivos em seus produtos ou serviços passam a brigar somente por preço com seus concorrentes (Strunck, 2001). Assim, vale a seguinte equivalência:

> Criatividade = design, arte e estética

No capítulo anterior, discorremos sobre a **forma** dos elementos visuais, sempre direcionando a temática à utilização do espaço visual. As **leis da Gestalt** – proximidade, semelhança, pregnância, fechamento, experiência ou familiaridade, simetria, continuidade e figura-fundo – revelam por que determinadas formas agradam mais do que outras e explicam a alta capacidade de entendimento ou não pelo cérebro daquilo que é visto.

Quando a Gestalt se completa em uma forma, esta tem alta pregnância – única lei existente em **todos** os projetos de design. Quando a lei da pregnância é de média para alta, significa que os elementos visuais que compõem a imagem têm uma estética agradável também.

> Gestalt completa = alta pregnância = harmonia visual
>
> Gestalt incompleta = baixa pregnância = confusão visual

O planejamento visual alia teoria e valor no campo da comunicação visual.

A arte é um fato mental, ligado ao conhecimento das coisas e dos meios da comunicação visual. As coisas são a realidade na qual todos vivem, e os meios são os instrumentos que permitem tornar visível aquilo que o cérebro recebe dos estímulos externos (Munari, 2001).

Desde o início da industrialização, no século XVIII na Inglaterra, a relação do indivíduo com as coisas mudou, assim como as relações sociais. Por exemplo, as pessoas não compram um relógio da Cartier para saber as horas, pois isso pode ser feito num relógio de qualquer outra marca, mas o compram para que os ouros vejam que elas têm um Cartier (Strunck, 2001).

3.1 Design gráfico

Inicialmente, vale destacar a seguinte equivalência:

> Design gráfico (DG) = comunicação visual

Grande parte dos trabalhos de design inicia-se pela conceituação da profissão. Talvez esse tipo de ocorrência não se dê em outras áreas, mesmo as mais novas, como a informática e o marketing (Niemeyer, 2007).

O DG é a atividade científica que se dedica a criar projetos de comunicação visual integrando várias áreas do conhecimento para solucionar problemas essencialmente humanos. E foi justamente no final do século XIX que o design se consolidou como campo, por meio da brecha entre técnica e arte (Schnaider, 2018).

A palavra *design* é de origem inglesa e significa tanto "desenho" quanto "projeto"; em latim, *designare* significa "escolher por sinais". O termo pode ser empregado em vários contextos: design de produto, design industrial, design de automóvel, design gráfico, design de interiores, design global e gerenciamento em design.

O vocábulo *design* permaneceu sem uma denotação específica no Brasil, sem a particularização da profissão ou do conceito. No momento, emprega-se o termo até mesmo em áreas nas quais não há um trabalho conceitual ou de projeto. Não é raro notarmos o uso indiscriminado da palavra *designer* para qualquer profissional que faça algum tipo de interferência formal ou gráfica (Niemeyer, 2007).

O que acontece até hoje, justamente pela falta de um órgão com autonomia para orientar e fiscalizar o exercício da profissão, é o uso impreciso no mercado de trabalho de termos compostos que se utilizam de parte das competências teóricas e práticas do design gráfico, por exemplo, os já clássicos *hair design* e *cake design* (Schnaider, 2018).

3.1.1 Campo

Data da década de 1960 o registro dos primeiros cursos superiores de Design no Brasil no portal do Ministério da Educação (MEC), e somente as Regiões Nordeste e Sudeste apresentavam cursos registrados naquela época. O ensino de design no Brasil iniciou-se em 1963, com a Escola Superior de Desenho Industrial (Esdi), no Rio de Janeiro.

Parte dos primeiros graduados pela Esdi foi responsável pela implantação de outros cursos de Design, e mais alguns alunos passaram a integrar seus corpos docentes.

Segundo Schnaider (2018, p. 69),

> Em 1999, das 47 instituições que ofereciam cursos com habilitações em Projeto de Produto e Programação Visual, 29 cursos de Graduação em Design estavam concentrados na Região Sudeste do país (quase 60% dos cursos). Hoje, a situação continua semelhante: dos 357 cursos superiores na área em atividade,156 localizam-se na Região Sudeste (cerca de 44% do total).

Niemeyer (2007, p. 24), complementa:

> Ao longo do tempo, [...] o design tem sido entendido segundo três tipos distintos de prática e conhecimento. No primeiro, o design é visto como atividade artística, em que é valorizado no profissional o seu compromisso como artífice, com a estética, com a concepção formal, com a fruição do uso. No segundo, entende-se o design como um invento, como um planejamento, em que o designer tem o compromisso prioritário com a produtividade do processo de fabricação e com a atualização tecnológica. Finalmente no terceiro, aparece o design como coordenação, onde o designer tem a função de integrar os aportes de diferentes especialistas, desde a especificação de matéria-prima, passando pela produção à utilização e ao destino final do produto. Nesse caso, a interdisciplinaridade é a tônica.

Atualmente, o campo do design agrega 11 subáreas:

1. Design gráfico.
2. Design de moda.
3. Design de interiores.
4. *Web* design.

5. Design de produtos.
6. Design digital.
7. Design educacional.
8. Design de *games*.
9. Design de animação.
10. Design de carnaval.
11. Design publicitário.

Gráfico 3.1 – **Cursos de Design no Brasil**

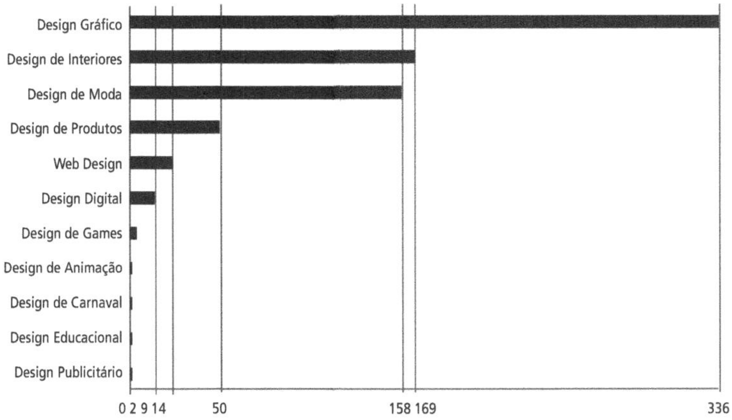

Fonte: Elaborado com base em Brasil, 2016.

Nota: Resultado por consulta no cadastro e-MEC por cursos de Design, separados por áreas e agrupados em 11 categorias: design gráfico, design de moda, design de interiores, ***web*** design, design de produtos, design digital, design educacional, design de ***games***, design de animação, design de carnaval e design publicitário.

Ao observarmos o Gráfico 3.1, fica evidente a quantidade de cursos superiores no grupo design gráfico, representado pelos cursos em Design, Design Gráfico, Design Programação Visual, Interdisciplinar em Artes e Design, Artes Visuais-Design Gráfico, Comunicação Visual Design, e Design Visual. Esse grupo (com 336 cursos) apresenta quase o dobro da quantidade de cursos do segundo maior grupo: design de interiores, com 169 cursos (Schnaider, 2018).

3.1.2 Design, arte e estética

A criatividade, característica essencial ao designer, aliada à arte e à estética, compõe o universo do design. O design está sujeito a uma variedade de interpretações justamente por ser uma área ligada à capacidade de criação, produção ou invenção de produtos. O público-alvo em geral tende a perceber o design como uma atividade de resultados ou sistemas em sua configuração final.

> Design = projeto = processo

Designers tendem a associar sua atividade ao processo de criação como um todo, enxergando o produto (os entregáveis) como um último estágio de um processo. Resolvendo problemas para clientes do mercado de trabalho *on time*, torna-se necessário utilizar uma metodologia de design única. Mesmo com temas e clientes diferentes, as etapas de desenvolvimento e de finalização dos protótipos não se alteram.

O DG é área da comunicação que trabalha com elementos gráficos (comunicação visual), abrangendo marcas, folhetos, cartazes e anúncios.

Por sua vez, o design de produto faz parte da área de criação de objetos tridimensionais, como embalagens, estandes, *displays* e mobiliários urbanos.

Já a mais nova oferta do currículo acadêmico, que integra as duas áreas anteriores, chama-se *design digital*, que é a criação de projetos para a mídia digital, como *websites*, aplicativos, vídeos, animações e *games*.

Designers normalmente não são a fonte das mensagens que representam. Diferentemente da arte, os produtos de design devem apresentar uma estética livre da personalidade de seu autor, evitando ruídos na comunicação com clientes, consumidores e usuários. Por isso, a pesquisa do público-alvo é fundamental para o espaço problemático de projetos em design. É nesse ponto que entra a estética, a serviço de uma melhor comunicação ou identificação com o público-alvo do projeto por meio de *personas* – representações gráficas do cliente ideal.

Aliada à estética, a criatividade é capaz de resolver problemas bem difíceis em sua forma, como é o caso dos mapas de uma linha de metrô: no DG, a criatividade, muitas vezes, não se opõe à clareza da informação. Mesmo com baixa pregnância, não é difícil compreender nem interpretar qualquer mapa de metrô, independentemente do país.

Figura 3.1 – **Mapa genérico de linhas de metrô**

Mihael Mihalev/Shutterstock

É na criatividade que o designer aposta todas as suas cartas, ou seja, sua habilidade principal (inteligência) de criação para problemas que parecem, muitas vezes, sem solução. Contudo, não existe liberdade total, uma vez que há regras a serem seguidas.

É na estética que o designer satisfaz ao cliente, ao consumidor ou ao usuário, cumprindo os requisitos do projeto nos entregáveis. A seguir, listamos algumas razões para que a estética seja um dos principais focos em projetos de design:

- Ela atrai ou repele à primeira vista: "a primeira impressão é a que fica".
- Ela comunica visualmente.
- Ela influencia o tempo de percepção.
- Ela sensibiliza a memorização da mensagem.
- Ela afeta a vida ativa da ideia, do produto ou do serviço.

- Ela influencia a qualidade do meio ambiente.

Conforme explica Schnaider (2018, p. 46):

> ao designer gráfico cabe a função de trabalhar os elementos visuais no papel ou na web: texto + imagem (foto ou ilustração). É justamente na forma visual da transmissão da informação que o designer gráfico atua, trabalhando a diagramação (organização das informações), combinando tipologias (texto), cores e organizando da melhor forma possível o espaço visual.

É com a arte que o designer encontra o encantamento de sua criação – a primeira trabalha com o subjetivo, e o segundo, com o objetivo. Existem muitos projetos na área que se valem de influências de movimentos artísticos para a composição. Há artistas famosos que mesclaram tão bem a arte e o design que o espectador não consegue visualizar onde começa um e termina o outro, como é o caso do pernambucano Romero Britto. Abusando das formas geométricas dos vitrais góticos, ele conseguiu inovar e trazer a arte para o campo do design.

3.2 Mídia impressa

A mídia impressa refere-se à programação visual de jornais, revistas, tabloides, livros, *flyers*, cartazes, encartes e outros materiais. Nesse campo, o designer elabora projetos gráficos equacionando fatores estéticos, simbólicos e técnicos, considerando questões socioeconômicas, culturais e ambientais.

O pensamento visual, construído com argumentações sólidas, coerentes e adequadas pelo designer, sustenta o discurso da criação perante clientes, consumidores e usuários.

Na diagramação de jornais, revistas e livros, a organização vai além das imagens (fotografias ou ilustrações); os detalhes relativos à forma do texto são minuciosamente tratados pelo designer (tipografia, espacejamento entre letras e entre linhas, distribuição das páginas de textos em pares e ímpares e a ordenação de elementos pré e pós-textuais). Seguem sugestões para um bom processamento da mensagem visual na mídia impressa, conforme as premissas do pensamento visual humano:

- Utilizar imagens para abordar problemas.
- Levar em conta que 80% do cérebro humano são dedicados ao processamento visual.
- Considerar que o processamento visual na evolução humana remonta aos homens pré-históricos.
- Lembrar-se de que a escrita originou-se dos símbolos e dos desenhos.

Para desenvolver o hábito do pensamento visual, além de aprimorar o costume de desenhar, o designer deve praticar sua criatividade. Por exemplo, ao sair de casa para algum endereço específico, em vez de anotar no número do local, ele pode ver uma foto e memorizar a imagem. O Street View do Google Maps é um recurso recomendável.

Esse é um bom exercício para treinar o cérebro e deixá-lo mais ágil no reconhecimento de imagens.

Nos projetos, é interessante testar se as cores escolhidas se traduzem bem para o preto-e-branco, não comprometendo a leitura do documento no caso de emprego de elementos institucionais em cópias, anúncios de jornal, faxes e outros meios. Impressos de uso interno podem ser produzidos somente em uma cor, de modo que sejam mais baratos. Nos casos em que a situação ideal é policromia, além da impressão em uma cor, deve-se prever como seria seu emprego em duas ou em três cores especiais, garantindo um bom resultado (Strunck, 2001).

A mídia impressa também é conhecida como *mídia off-line*, pois consiste no conjunto de meios de comunicação da publicidade e do jornalismo produzidos em gráficas *offset* ou birôs de impressão. Para trabalhar o pensamento visual e atingir o público-alvo certeiramente, é preciso conhecer os tipos de mídia impressa mais utilizados hoje em dia para uma campanha *crossmedia* e suas finalidades: cartaz, *flyer* ou folheto, filipeta e fôlder.

3.2.1 **Cartaz**

O formato de cartaz mais utilizado hoje em dia é o A3 vertical (297 × 420 mm).

Figura 3.2 – **Cartaz**

articular/Shutterstock

A vantagem desse formato é a economia na impressão colorida de gráficas rápidas em poucas quantidades. O cartaz tem como característica principal a impressão de um só lado, já que seu verso fica voltado para a parede. Ele normalmente é afixado em locais abertos e de preferência com alto tráfego de pessoas. É muito utilizado na divulgação de eventos ou em lançamentos de produtos. Sua linguagem visual é apelativa e de rápida comunicação com o espectador. Por conta disso, ocupou o espaço do *outdoor* de rua há alguns anos.

3.2.2 *Flyer* ou folheto

O formato de flyer ou folheto mais utilizado na atualidade é o A5 vertical (148 × 210 mm).

Figura 3.3 – *Flyer* ou folheto

Helen_st/Shutterstock

Geralmente, ele é impresso nos dois lados da folha para chamar mais a atenção e distribuir melhor as informações. É comum conter uma imagem na frente e explicações detalhadas sobre o produto ou o evento no verso, com letras pequenas. Frequentemente, são utilizados como peças publicitárias de baixo custo, muito embora tenham alto impacto visual/apelativo.

3.2.3 Filipeta

O formato de filipeta mais adotado é o de 100 mm × 300 mm.

Figura 3.4 – **Filipeta**

PCH.Vector/Shutterstock

A filipeta tem as mesmas características do *flyer* ou folheto, porém ela é mais alongada na vertical e costuma acompanhar produtos em suas embalagens. É muito utilizada para propaganda de informações específicas de cursos em instituições de ensino em sua central de matrículas.

3.2.4 *Folder*

O formato de *folder* mais comum é o A5 vertical (210 mm × 297 mm), com uma ou duas dobras verticais.

Figura 3.5 – **Folder**

Mila Supinskaya Glashchenko/Shutterstock

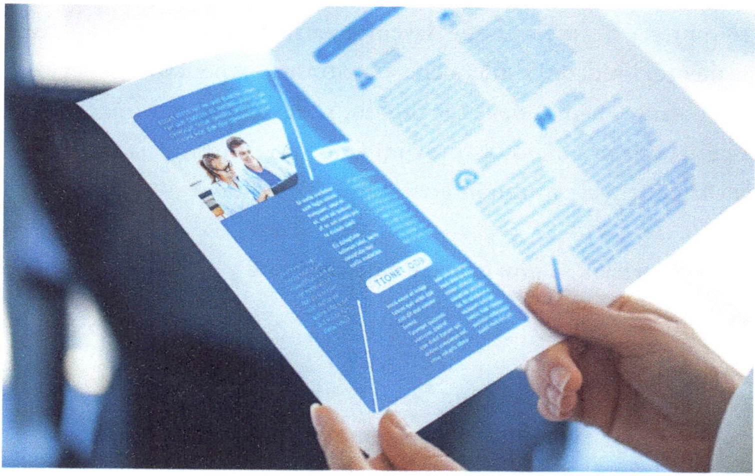

O *folder* permite um número variado de cortes e dobras criativas para chamar a atenção do cliente sendo disposto em cima de balcões. Costuma conter muito mais informação textual do que as mídias já citadas. Como sua impressão e sua criação são mais específicas, tem um custo bem mais alto também. *Folders* só devem ser utilizados para atingir um público-alvo bem específico e acompanhados de outras mídias mais resumidas numa campanha. A diferenciação visual entre o folheto e o *folder* é que este último sempre tem dobras.

3.3 Hierarquia visual

A hierarquia visual é o primeiro conceito a ser estudado em leiautes de mídia impressa, pois independe da vontade do espectador – a organização estabelecida pelo designer é o guia. Em toda a composição, o designer deve criar uma hierarquia visual adequada e lógica ao público-alvo, assim como destacar as informações mais relevantes; é nessa etapa que devem ser articulados os artifícios visuais de proximidade, alinhamento, contraste e repetição.

Portanto, não se deve ser tímido, realçando as informações necessárias. Os princípios da proximidade e do contraste na utilização da cor podem ser muito interessantes.

Figura 3.6 – **Princípios da proximidade e do contraste**

amasterphotographer/Shutterstock

Isso significa que o designer não pode ser inseguro. Ele deve destacar as informações necessárias mesmo numa foto em preto e branco (p&b). Nesse caso, os princípios do alinhamento e do contraste são fundamentais.

Figura 3.7 – **Alinhamento e contraste em p&b**

YIUCHEUNG/Shutterstock

Juntos, a proximidade e o alinhamento podem contribuir para atingir o público-alvo adequado numa composição.

Figura 3.8 – **Proximidade e alinhamento**

robin-clouet.fr/Shutterstock

Na hierarquia visual, aprecia-se primeiro um conjunto de formas, como os elementos situados em primeiro plano contrastando com o fundo da composição; depois, o espectador curioso analisa as partes do todo (conjunto), iniciando pelos elementos gráficos seguidos dos textuais, cuja interpretação é mais demorada.

Vale destacar que os ocidentais leem da esquerda para a direita e de cima para baixo. Portanto, seguindo a orientação lógica do espectador ocidental, o designer deve organizar visualmente a composição situando os elementos mais importantes na zona superior esquerda, os de importância menor, no corpo central do espaço, e os de menor relevância, na parte inferior direita. As capas de revistas em quadrinhos são um bom exemplo dessa ordenação visual.

Figura 3.9 – **Exemplo de capa de revista em quadrinhos**

benchart/Shutterstock

Toda a mídia impressa utiliza esse artifício, independentemente do formato e do tamanho da composição. Como já declaramos, as formas são visualizadas primeiramente, até mesmo antes da interpretação das cores pela retina.

Uma boa hierarquia visual enfatiza as partes mais importantes da composição usando as cores primárias do espectro; nas partes de menor relevância, pode-se aplicar cores menos saturadas ou até mesmo as secundárias e terciárias. No caso da mídia impressa, as cores primárias são as cores-pigmento – ciano, magenta e amarelo (CMY – *cyan, magenta and yellow*).

Sobre isso, Strunck (2001, p. 104) explica que

> As cores, em seus diversos tons, luminosidades e saturações, permitem um número infinito de combinações. O importante é verificar se existe, na categoria do projeto a ser realizado, uma aceitação pelo público de determinadas cores como representativas dessa categoria. Investigar as cores da concorrência e optar pela utilização de uma combinação inusitada ou não. Se o projeto vier a ter uma circulação internacional, essa pesquisa deve ser bem mais cuidadosa, porque os significados e preferências pelas cores costumam variar conforme as culturas.

Em seguida, na interpretação dos elementos textuais, aos quais também se aplicam as cores, a hierarquia deve ser estabelecida segundo o tamanho das fontes entre si. Títulos de cartazes devem ser destacados e bem maiores do que informações como data, horário e local do evento. Numa revista, os títulos de página, os cabeçalhos e as seções podem ser destacados aumentando-se seu tamanho conforme sua importância no espaço visual. Dessa forma, a compreensão da página se torna mais dinâmica, evitando-se monotonia na leitura dos textos. Outro cuidado no caso de composições em que o alinhamento utilizado é quase sempre o justificado para os textos é alterar os títulos de página e seções com o centralizado ou alinhado à esquerda, para também romper com a monotonia intrínseca dos elementos textuais.

Vale ressaltar as regras de hierarquia visual não mudam no tempo. Seguem-se dois exemplos de páginas de jornal: um bem antigo e outro bem moderno.

Figura 3.10 – **Exemplo de páginas de jornal antigo**

YummyBuum/Shutterstock

Figura 3.11 – **Exemplo de páginas de jornal atual**

YummyBuum/Shutterstock

Com relação à mídia impressa tradicional dos jornais, por exemplo, dependendo da época, com certeza alterações visuais serão percebidas principalmente no desenho das fontes. Nos dias de hoje, existem designers tipográficos especialistas no mercado que desenham uma família inteira de fontes exclusiva para um jornal renomado, porém as regras da hierarquia visual não se alteram.

3.4 Consistência

A consistência é o padrão da composição visual para as informações textuais e gráficos. Mais uma vez, é o designer quem guia o leitor e atua de modo que a informação seja transmitida de forma leve e natural.

A unidade visual é atingida por meio da repetição de elementos visuais, cores e até mesmo tipo de fontes; isso reforça a identidade do projeto e o torna único. Um leiaute consistente conduz os leitores à confiança no controle da informação e torna a leitura de suas páginas mais dinâmica.

No exemplo da Figura 3.12, o anúncio de produtos de cuidados com a pele e proteção solar para uma revista tem duas páginas bem diferentes a princípio, porém a consistência faz o leitor entender que o anúncio é da mesma empresa. As cores se repetem nas duas páginas e entram suaves num segundo plano visual em que as embalagens se destacam, pois o objetivo é vender o produto. Os títulos são apresentados na mesma fonte tipográfica e com alinhamento à esquerda, mesmo os que na página da direita estão alterados em seu grau de rotação. Percebe-se uma temática animada em clima de verão.

Figura 3.12 – **Consistência em anúncio de revista I**

HstrongART/Shutterstock

Em outro anúncio do mesmo segmento, mostrado na Figura 3.13, percebemos que a consistência está no clima natural dos elementos visuais aplicados. Provavelmente, a ideia a ser transmitida ao público-alvo é a de que os produtos são naturais e seu processo produtivo não degrada o meio ambiente.

Figura 3.13 – **Consistência em anúncio de revista II**

MITstudio/Shutterstock

Já para transmitir mais valor à composição, em casos de produtos mais refinados (Figura 3.14), os elementos visuais que compõem o anúncio devem estar em sincronia visual. Nesse caso, a utilização de textura marmorizada e elementos geométricos cria uma atmosfera mais chique e compatível com o preço do produto e o público-alvo da classe A. Nesses casos, a utilização das cores deve ser moderada e os estilos mais clássicos não devem utilizar muitas cores em suas composições. Além disso, o fundo branco e a sensação da cor prata complementam essa percepção.

Figura 3.14 – **Consistência em anúncio de revista III**

MITstudio/Shutterstock

3.5 *Grids*

O *grid* (*grade* ou *linha-guia*) é essencial ao design gráfico. Trata-se da proporção entre os elementos visuais da composição. Ao iniciar qualquer área de trabalho em programas de imagem de rastreio ou vetorial, o designer experiente deve primeiramente buscar exibir as réguas, as guias e as grades, assim como regulá-las a seu favor na composição.

O leiaute da página é estruturado por *grids*: colunas verticais, margens e espaços das entrelinhas horizontais. A profundidade da página depende do tamanho da fonte tipográfica, do entrelinhamento e das margens da composição. É necessário planejar visualmente todos os detalhes. A complexidade do *grid* depende do tipo de leiaute a ser aplicado. Num produto cujo leiaute é mais "passivo", o número de linhas depende do conforto visual previsto no projeto gráfico. Quando existe a exigência de um leiaute mais complexo, com muitas imagens, figuras e outras ilustrações, o uso dos painéis horizontais é muito útil.

O leiaute clássico tem detalhes simples: a margem interna deve prever a encadernação e é preciso deixar espaço para o cabeçalho, o rodapé e a numeração de página. Como as imagens da Figura 3.15 mostram, um *grid* para relatório que comporta duas colunas de igual largura é interessante visualmente e torna a leitura confortável.

A seguir, listamos algumas vantagens de *grids* com colunas de igual largura:

- Manuseio mais fácil para o leitor.
- Leitura confortável.
- Economia, pois o designer gasta menos tempo no planejamento.

Entretanto, também há desvantagens no uso de *grids* com colunas de igual largura:

- Monotonia.
- Risco de o leiaute cair no lugar comum.

- Falta de ritmo no leiaute, enfatizando a natureza estática da mídia impressa.

Figura 3.15 – ***Grid* para um relatório**

O.darka/Shutterstock

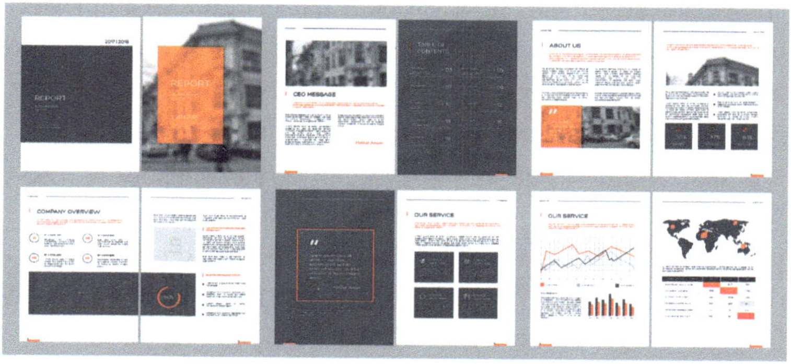

Quando o *grid* é de largura total de uma coluna somente, a vantagem é que o texto não terá muitas quebras de linha, porém linhas muito longas e com muitas palavras, principalmente se o texto tiver fonte pequena, não serão muito confortáveis e atraentes ao leitor. Nesse caso, é preciso aumentar a entrelinha do texto, mas, mesmo assim, corre-se o risco de se chegar a um resultado monótono e pouco interessante.

3.6 Proporção áurea

A proporção áurea é representada pela letra grega Φ (*phi*) e também é conhecida como *sequência de ouro*, *secção áurea* ou *divina proporção*. É uma constante real algébrica e irracional cujo valor é aproximadamente 1,61803398875. A **teoria áurea** foi empregada na construção das pirâmides e outras obras arquitetônicas que remontam à Antiguidade, sobretudo à arte egípcia. Já na Idade Média, na Idade Moderna e na Idade Contemporânea, a proporção áurea foi muito utilizada por grandes pintores como Leonardo da Vinci, Michelangelo Buonarroti, Rafael Sanzio e Salvador Dali. Hoje, a proporção áurea é uma ferramenta que faz parte do dia a dia do designer, seja para auxiliar na construção de identidades visuais (logomarca e papelaria), seja para criar *websites*. Um bom exemplo são as três colunas muito comumente utilizadas nos portais de notícias. Entretanto, logicamente, ela também pode ser aplicada em outros tipos de projetos.

Um clássico exemplo da proporção áurea é a obra *Homem Vitruviano*, de Leonardo da Vinci. Nela, a combinação das posições dos braços e das pernas do homem representado no desenho formam quatro posturas diferentes e as posições de braços e pés em cruz se inscrevem tanto no quadrado quanto no círculo ao fundo. Essa brincadeira visual ilustrada nas duas posições faz o centro geométrico da figura parecer se mover, mas isso se trata de uma ilusão de ótica, pois o centro verdadeiro está no umbigo do homem.

Figura 3.16 – **Homem Vitruviano**

MysticaLink/Shutterstock

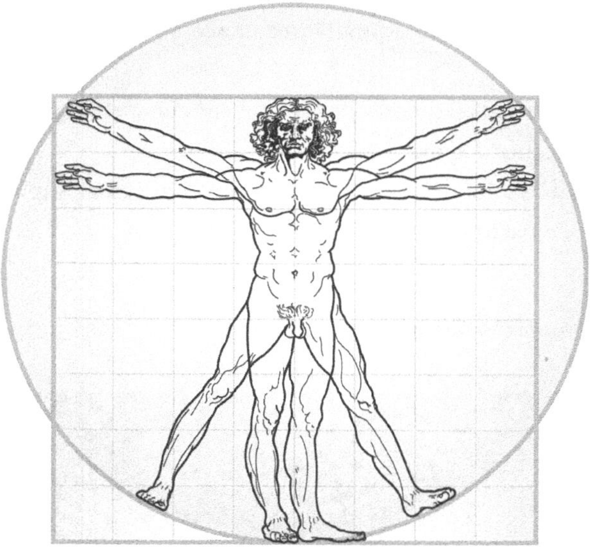

A seguir, mencionamos mais exemplos da seção áurea na natureza:

- Medida da cintura até a cabeça e o tamanho do tórax.
- Medida da altura do homem – da cabeça aos pés – dividida pela medida do umbigo até o chão.
- Medida da altura do crânio – do queixo ao topo da cabeça – dividida pela medida da mandíbula até o topo da cabeça.
- Comprimento do braço inteiro do homem dividido pelo comprimento do braço até o cotovelo.
- Comprimento da perna inteira do homem dividida pelo comprimento da perna até o joelho.

- Concha do caramujo do gênero *Nautilus*: a espiral áurea cresce a partir do raio interior da concha.
- Teias de aranhas: a espiral áurea cresce a partir do raio central da teia.
- Sequência das sementes de girassol em curva emergindo partindo do centro da flor.
- Na babosa, também conhecida como *Aloe vera*, a espiral áurea cresce a partir do raio interior da planta.

Figura 3.17 – **Proporção áurea em um girassol**

Africa Studio/Shutterstock

O exemplo da concha do caramujo *Nautilus* é um clássico no design – conhecido também como *espiral áurea*. Graças a Leonardo Fibonacci e seus estudos de álgebra, geometria e aritmética, hoje conhecemos a proporção áurea. Em sua obra *Livro do cálculo*,

Fibonacci escreveu como resolver equações para problemas famosos que ainda hoje geram controvérsias no mundo da ciência. Uma das mais famosas equações é a reprodução de coelhos após dois meses de vida e a quantidade de casais após decorrido um ano. Essa resolução originou a **sequência de ouro**: 0, 1, 1, 2, 3, 5, 8, 13, 21, 34, 55...; nela, cada valor sempre será a soma de seus dois números anteriores. A partir dessa descoberta, Fibonacci descobriu que a divisão de um número por seu antecessor ao longo da sequência se aproxima ao número de ouro. Esse número é obtido pelo cálculo da razão áurea, expressa pela seguinte fórmula:

$$\Phi = a/b = (a + b)/a$$

Figura 3.18 – **Concha do caramujo *Nautilus***

Danny Iacob/Shutterstock

A espiral áurea é representada pelos números da **sequência de Fibonacci**, em que se desenha um retângulo e, com ele, a espiral áurea. A espiral e a proporção de ouro são mundialmente conhecidas por estarem presentes em obras de artistas como Leonardo da Vinci e Salvador Dali. No campo do design, teoriza-se que projetos nos quais a proporção áurea é aplicada são visualmente mais atraentes e harmônicos. Em geral, as composições divididas por linhas proporcionais à seção áurea são consideradas esteticamente agradáveis. Elas oferecem um padrão lógico para produzir leiautes interessantes para a mídia impressa.

Figura 3.19 – **Espiral áurea**

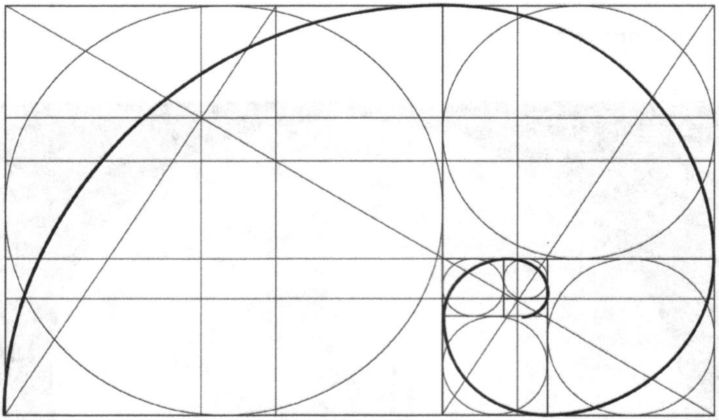

Oleh Svetiukha/Shutterstock

Uma simplificação da proporção áurea é a divisão do leiaute em terços. No exemplo a seguir, está representado o esqueleto (*wireframe*) de um *website* baseado na sequência áurea, ao que chamamos *desenho plano* (*flat design*). Num mundo repleto de poluição visual, o design plano surgiu com um formato mais limpo, despoluído visualmente. Pode ser aplicado por designers em qualquer tipo de leiaute.

Figura 3.20 – **Desenho plano**

radoma/Shutterstock

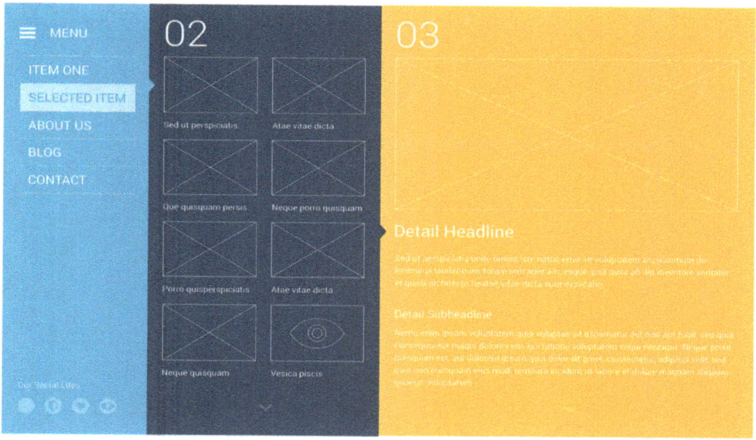

3.7 Formatos de papel

A indústria papeleira segue padronizações nos formatos dos papéis produzidos em folhas. No Brasil, são adotados os padrões da Associação Brasileira de Normas Técnica (ABNT) e da Deutsches Institut für Normung (DIN) – Instituto Alemão para Normalização.

Conhecer bem esses formatos e suas subdivisões evita erros no cálculo e desperdício de produto impresso final.

Os formatos padrões DIN são adotados em todo o mundo e se apresentam em três séries (A, B e C), sendo, no Brasil, a mais comum a série A, da qual faz parte o popular formato A4. A base é chamada de A0, e seus derivados são o A1, o A2 e assim sucessivamente, até chegar ao formato A12. O número depois da letra indica quantas vezes o formato original foi "dobrado" pela sua altura. Essa lógica também se aplica às séries B e C.

Figura 3.21 – **Formatos de papel padrão DIN série A**

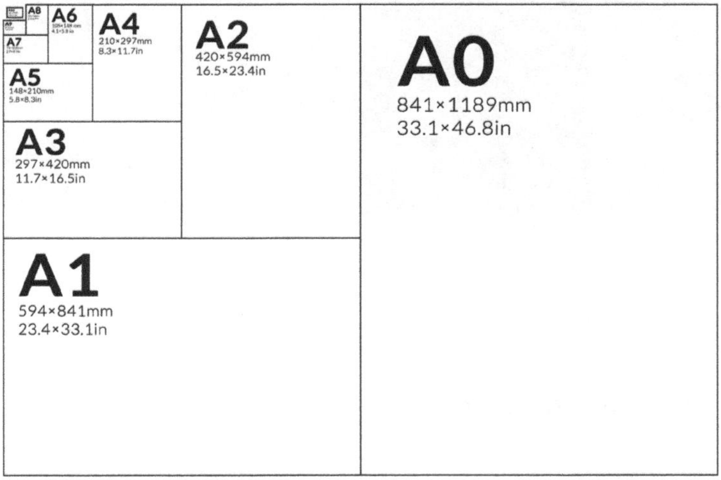

Oleksii Arseniuk/Shutterstock

A Figura 3.22 mostra a comparação de folhas de papel da série B, do formato B0 ao B10, que é pouco utilizada no Brasil.

Figura 3.22 – **Formatos de papel padrão DIN série B**

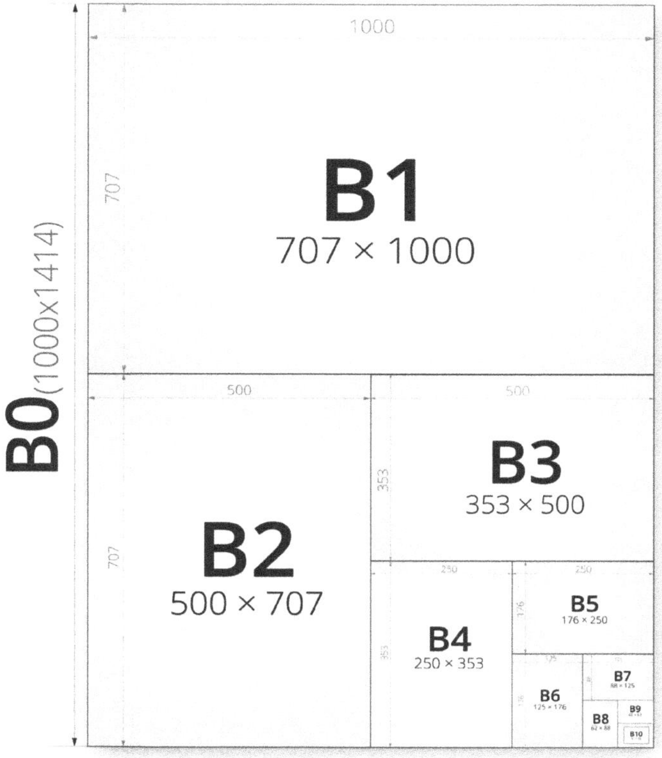

iunewind/Shutterstock

Na Figura 3.23, consta a comparação de folhas de papel da série C, do formato C0 ao C10. Trata-se de tamanhos maiores de papel do que os formatos A e B.

Figura 3.23 – **Formatos de papel padrão DIN série C**

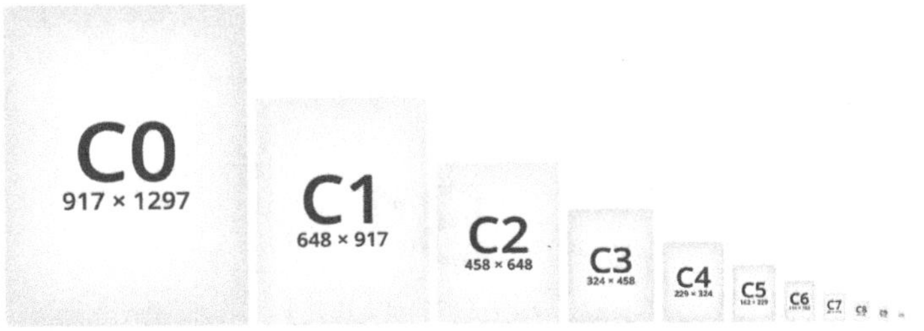

petroudny43/Shutterstock

O Quadro 3.1 compara as três séries DIN em milímetros, para melhor entendimento.

Quadro 3.1 – **Comparação das três séries DIN em milímetros (mm)**

Série A	Série B	Série C
A0 841 × 1189	**B0** 1000 × 1414	**C0** 917 × 1297
A1 594 × 841	**B1** 707 × 1000	**C1** 648 × 917
A2 420 × 594	**B2** 500 × 707	**C2** 458 × 648
A3 297 × 420	**B3** 353 × 500	**C3** 324 × 458
A4 210 × 297	**B4** 250 × 353	**C4** 229 × 324
A5 148 × 210	**B5** 176 × 250	**C5** 162 × 229
A6 105 × 148	**B6** 125 × 176	**C6** 114 × 162
A7 74 × 105	**B7** 88 × 125	**C7** 81 × 114
A8 52 × 74	**B8** 62 × 88	**C8** 57 × 81
A9 37 × 52	**B9** 44 × 62	**C9** 40 × 57
A10 26 × 37	**B10** 31 × 44	**C10** 28 × 40
A11 18 × 26	**B11** 22 × 31	**C11** 20 × 28
A12 13 × 18	**B12** 15 × 22	**C12** 14 × 20

Já o padrão definido pela ABNT é utilizado com mais frequência na indústria gráfica brasileira e apresenta duas séries: AA e BB. É comum os formatos principais serem chamados *folha inteira* pelos gráficos, e suas primeiras divisões serem chamadas *meia folha*. No Quadro 3.2, constam as medidas correspondentes.

Quadro 3.2 – **Comparação das duas séries ABNT em centímetros (cm)**

Série AA	Série BB
AA 76 × 112	**BB** 66 × 69
A 56 × 76	**B** 48 × 66
½ A 38 × 56 ½	**B** 33 × 48
¼ A 28 × 38 ¼	**B** 24 × 33
⅛ A 19 × 28 1/8	**B** 16 × 24
1/16 A 14 × 19 1/16	**B** 12 × 16
1/32 A 9 × 14 1/32	**B** 8 × 12

Apesar de essas séries apresentarem as divisões do formato principal também dividindo a altura pela metade, é possível "encaixar" vários outros formatos econômicos na folha inteira ou na meia folha. Por isso, é importante que o fornecedor seja consultado antes de se definir o formato final do leiaute impresso.

Vale lembrar que se deve calcular uma área de sangramento para o impresso, com cerca de 0,3 cm de cada lado para formatos A4 ou menores e com cerca de 0,8 cm de cada alado para formatos A3 ou maiores. Essa área é perdida quando o material é cortado, mas essa é uma garantia de bom acabamento para as composições.

Segue um exemplo de um *flyer* em formato de papel A4, com sangramento de 0,3 cm para corte.

Figura 3.24 – *Flyer* em papel A4

yaistantine/Shutterstock

SÍNTESE

O campo do design está em expansão no Brasil e constitui-se num campo de conhecimento multidisciplinar, visto que áreas afins podem vir a contribuir para a complementação da formação do profissional, como informática, arquitetura, engenharia, ergonomia, publicidade e propaganda, semiótica, usabilidade, interação humano-computador (IHC) e marketing. Dessa junção, surgem profissionais específicos, como designer de interação, designer de joias, designer de *games*, designer de interiores e designer de carnaval, entre outros (Schnaider, 2018).

Hoje, as subáreas do design referem-se a profissões consistentes e já consolidadas no mercado de trabalho, a ponto de não conseguirmos sequer pensar como um profissional direcionado ao estudo da moda possa não ter existido.

Parece não haver outro profissional, que não o designer digital, para desenvolver aplicativos ou *games* compatíveis esteticamente com o modelo mental do usuário. Entretanto, não houve uma especialização nas áreas, pois as bases teóricas são as mesmas.

Todos os projetos em design iniciam pelo problema do projeto:

- Definição do problema.
- Reunião inicial (*kick off*).
- Levantamento de dados.

Assim, todos os projetos em design recorrem às seguintes etapas do espaço problemático:

- *Briefing/debriefing.*
- Pesquisa do cliente.
- Pesquisa de mercado (*benchmark*).
- Pesquisa do público-alvo.
- Personas com mapa de empatia.
- Mapa mental.
- Painel semântico (*moodboard*).
- Geração de ideias.
- *Brainstorming.*
- *Brainwriting.*

Em seguida, são consideradas as referências visuais (teoria para a criação do conceito), como:

- Percepção visual.
- Gestalt.
- Semiótica.
- Ergodesign.
- Teoria das cores.
- História da tipografia.
- História da arte.

Hoje em dia, a relação dos indivíduos com a mídia impressa (tradicional) é bastante próxima até mesmo para a geração Z. No entanto, a verdade é que, de dez anos para cá, os jornais renomados praticamente sumiram das bancas de revistas, pois as mídias digitais se tornaram prioridade. As empresas estão reformulando seu modelo de negócios e focando em qualidade e em eficiência das redes sociais, na internet.

A boa notícia é que esse ajuste do design gráfico só tornou o profissional mais evoluído dentro da área ou da subárea em que atua, já que toda a conceituação das teorias aplicadas em composições visuais, independentemente do meio (mídia), não mudou em praticamente nada. Obviamente que alguns formatos digitais requerem mais cuidado em seu planejamento visual em razão da luz emitida por seus dispositivos, mas nada que a tecnologia não venha a resolver futuramente. Brevemente, a holografia, baseada em registros de luz em três dimensões (3D) para o registro de imagens, será mais uma nova mídia a ser desbravada pelo designer.

Rawpixel.com/Shutterstock

CAPÍTULO 4

PLANEJAMENTO VISUAL II

CONTEÚDOS DO CAPÍTULO

- Design digital.
- Mídia digital.
- Formatos de arquivos digitais.
- Padrões de cores.
- Canal alfa.

APÓS O ESTUDO DESTE CAPÍTULO, VOCÊ SERÁ CAPAZ DE:

1. reconhecer a importância da área de design digital;
2. identificar os diversos tipos de mídia digital;
3. distinguir as características principais dos diferentes formatos de arquivos digitais;
4. compreender as diferenças entre os padrões de cores utilizadas na mídia digital;
5. apontar a necessidade de uso do canal alfa na comunicação visual.

A matéria-prima do planejamento visual é a **criatividade**, isto é, a habilidade ligada à capacidade de inovação. Inovar *on-line* é mais arriscado do que na mídia tradicional, pois na internet o *feedback* do cliente, do consumidor ou do usuário é *on time*!

No capítulo anterior, abordamos os conceitos relacionados à **forma** dos elementos visuais, sempre direcionando a temática ao espaço visual. Neste capítulo, comentaremos como o espaço visual se comporta no ambiente virtual. As leis da Gestalt – proximidade, semelhança, pregnância, fechamento, experiência ou familiaridade, simetria, continuidade e figura-fundo – também se aplicam às mídias digitais, e é o cérebro humano que comanda o gosto pessoal por navegar ou não em determinados *sites*. A lei da pregnância torna-se mais evidente nesse ambiente, pois são diversas e dinâmicas nas composições visuais desse meio.

As inovações tecnológicas – de processos e de produtos – nos meios de comunicação se aceleram a cada dia e impactam de forma direta ou indireta todas as comunidades mundiais nos campos social, educacional e econômico. Vale destacar as inovações tecnológicas do campo do design e que tornam o profissional dessa área um verdadeiro "camaleão", ficando responsável por criar o conceito, projetá-lo, desenvolvê-lo e avaliar os resultados interativos valendo-se de uma visão integrada ao contexto do negócio.

O designer, em todos os papeis a ele atribuídos mais recentemente – experiência do usuário (*user experience* – UX), interface do usuário (*user interface* – UI), arquitetura de informação (AI), design de interfaces (DI), design de interação (IxD) e design de serviços (DS) –, deve considerar as experiências, as necessidades e as expectativas dos usuários na interação com os sistemas digitais.

Assim, vale ressaltar a seguinte equivalência:

Design digital = UX + AI + DI + IxD + DS

De acordo com Gomide (2014, p. 146),

> Projetos digitais envolvem produtos digitais e interfaces digitais; um site, uma intranet, uma extranet, um aplicativo de celular e um sistema de informação de uma empresa são considerados produtos tal qual uma mesa, uma cadeira e uma luminária [...]. Novas mídias, como a web, os celulares e os assistentes pessoais digitais, bem como a atualização das mídias tradicionais, como o cinema e a televisão, têm aumentado as possibilidades de emprego de diferentes técnicas, expandindo o mercado para o profissional da área. Isso possibilita a popularização do seu uso por artistas e técnicos dos mais variados e para as mais diversificadas aplicações, sendo fundamental o conhecimento teórico para obter resultados de qualidade novo.

A interface do produto digital é o elo entre a informação e o homem, a porção visível por intermédio da qual o usuário interage. Essa comunicação somente é eficiente e eficaz se essas informações estiverem de acordo com as disciplinas pertencentes aos campos do design, como IxD, UI, UX e a interação humano-computador (IHC). E todo o processo de desenvolvimento do produto cabe a outra disciplina importante que abrange as demais citadas: o DS. Esta pertence ao campo da economia criativa e envolve os projetos do tripé tecnologia, inovação e sustentabilidade.

Conforme explica Strunck (2001, p. 114),

> Os sites, como toda mídia, têm linguagem e dinâmica próprias, que devem ser observadas para funcionar bem. Em se tratando de identidades visuais, o mais

importante é que o conteúdo do site, desde a homepage, transmita todo o tempo o espírito da marca, de forma que sua navegação seja mais um agente de seu fortalecimento.

Assim, o designer, no desenvolvimento de determinado projeto, complementa seu aprendizado com outros conhecimentos, como o da linguagem para a *web*.

O papel principal do designer, seja na mídia impressa, seja na digital, é promover a comunicação entre a empresa e o usuário sem falhas. Logo, os elementos visuais predominantes em um *website*, por exemplo, devem corresponder à identidade da ideia, do produto ou do serviço. Hoje, a expressão *identidade visual* ficou restrita à marca e à papelaria da empresa. Entretanto, considerando apenas o termo *identidade*, tem-se todo um conjunto de planejamento visual que abarca todas as mídias, incluindo televisão, *videogame* e cinema.

Criatividade na internet = identidade
Criatividade na internet = forma, função e emoção

Atualmente, os meios de produção estão acessíveis em telefones celulares ou programas de computador. Assim, o universo da imagem tem se expandido com os jogos digitais, o cinema digital, a televisão de alta definição, as aplicações interativas, os novos meios para exibição e interação e as projeções em superfícies de qualquer dimensão. Portanto, a distribuição digital é um imenso mundo novo (Gomide, 2014).

4.1 Design digital

O aumento do número de cursos oferecidos na área de design, bem como a diversidade de nomes a eles atribuídos, reflete o panorama do atual profissional: são 742 ofertas de cursos superiores disponíveis em 11 categorias: design gráfico (336), design de interiores (169), design de modas (158), design de produtos (50), *web* design (14), design digital (9), design de *games* (2), design de Carnaval (2), design de publicidade (2), design de animação (2) e design educacional (1). Desse total, 63% são cursos no grau tecnológico e 37% no grau bacharelado, no qual se encontra a mais recente modalidade do mercado: o **design digital** – cujo perfil profissional é criar, desenvolver e testar interfaces interativas para os mais variados dispositivos digitais.

Schnaider (2006, p. 2) relata:

> Vive-se numa época em que a comunicação visual é de valor estratégico para quaisquer atividades desenvolvidas pelo ser humano. É na interação usuário-aplicativo que ela se manifesta como responsável e fator determinante de uma boa *interface* Homem-Computador e é através dela que se dá a comunicação entre as duas pontas.

O design digital é a mais nova subárea do design, formando profissionais capazes de desenvolver identidades para *sites* e aplicativos, e de editar animações e vídeos. Resumindo, esse profissional pode exercer qualquer atividade relacionada à mídia digital, podendo, ainda, criar peças gráficas para divulgar a identidade da empresa nas redes sociais. O designer gráfico é focado nas mídias tradicionais, tais como jornal, revista e televisão; já o designer digital se concentra nas mídias digitais, ou seja, na internet.

Design digital = design de produto + linguagem da internet

Para trabalhar como designer digital, é preciso estar afinado com disciplinas teóricas – história da arte, história do design, estética e ergodesign. É necessário, ainda, utilizar elementos visuais nas composições para explorar bem as imagens, as fotografias ou as ilustrações, as cores e as tipologias no tempo certo do cliente, consumidor ou usuário. Esse profissional também tem de causar empatia na comunicação visual suficiente para induzir a compra e a fidelização.

O produto criado pelo designer pode ser tanto material quanto virtual, e ambos os tipos têm uma característica comum, a interface, na qual se completa a interação do usuário.

Independentemente do tipo de interface digital a ser projetada, nenhum processo de design digital pode ignorar a etapa das referências visuais, que, em conjunto com as outras ferramentas necessárias para o desenvolvimento dos entregáveis estabelecidos no escopo do projeto, constroem o estilo (conceito). O sucesso ou o insucesso de uma aplicação digital depende de fatores estéticos predefinidos no estilo do projeto: "A primeira impressão é a que fica". É utilizando o posicionamento adequado dos elementos visuais (ícones, vídeos, textos, ilustrações e fotografias), que o designer induz o usuário a navegar de forma rápida e simples na *web*.

4.2 Mídia digital

A mídia digital contempla a programação visual de *sites*, aplicativos, vinhetas, animações e outros recursos de comunicação que se encontram na internet. Nessa área de atuação, o designer elabora projetos gráficos equacionando fatores estéticos, simbólicos e técnicos e considerando questões socioeconômicas, culturais e ambientais.

Nas mídias digitais, a carga cognitiva do espectador – a capacidade de armazenamento das informações – é um fator relevante na diagramação das composições. Primeiramente, porque o esforço cognitivo referente às memórias acontece o tempo todo em que a pessoa realiza uma tarefa, seja navegando numa página de um *site*, seja acessando o painel eletrônico do micro-ondas de casa ou retirando dinheiro no caixa eletrônico. Toda tarefa é considerada um problema para o cérebro resolver no menor tempo possível e, obviamente, um problema já solucionado anteriormente será resolvido numa segunda ou terceira vez de forma bem mais rápida e com maior facilidade. Portanto, na criação de composições digitais, normalmente se considera um usuário geral e as tarefas são pensadas para diversos tipos de usuários, facilitando o aprendizado e amenizando os impactos dos esforços cognitivos ainda não aprendidos.

Na criação de *sites*, aplicativos, *posts*, vinhetas e animações, a organização envolve além de imagens, textos, formas e objetos; os detalhes relativos ao tempo e ao espaço são minuciosamente tratados pelo designer, que pensa não somente as composições, mas também todos os elementos que se movimentarão na interface.

Seguem sugestões para um bom processamento da mensagem na mídia digital, conforme as premissas do pensamento visual humano:

- Utilizar imagens impactantes para a identidade visual.
- Utilizar trilhas sonoras impactantes para a identidade sonora.
- Usar (e abusar) de recursos audiovisuais – ver e assistir é mais fácil do que ler.
- Considerar que 80% do cérebro humano é dedicado ao processamento visual.
- Lembrar que 90% das pessoas se recordam mais de vídeos do que de imagens estáticas.
- Mesclar linguagens de design de *games*, quadrinhos, jogos e cinema nas composições.
- Perceber que animações exemplificam processos complexos de forma simples e divertida.
- Contar histórias que causem empatia nos usuários.
- Utilizar os recursos de forma consistente.

4.2.1 Imagem digital

Nos dicionários, há diversas definições de *imagem*, dependendo da abordagem – se é artística, fotográfica, matemática, física ou filosófica (Gomide, 2014). Na computação gráfica, nos jogos e na fotografia, o que interessa nas composições são os conceitos matemáticos e físicos da imagem para sua correta interpretação pelo usuário.

Segundo Schnaider, 2006, p. 26-27,

> O principal papel do design, seja ele impresso ou digital, é permitir a comunicação entre a empresa e o usuário; sem falhas. Portanto, os elementos visuais (cor e tipologia) predominantes em um ***web site*** devem corresponder à identidade visual da empresa. Essa regra costuma ser válida para o portal e para a ***intranet***, pois ambos

os projetos devem ter o mesmo padrão visual. Aconselha-se, então, a utilização do Manual de Identidade Visual da empresa, pois seu conteúdo exemplifica a correta utilização da marca que deve ser respeitada.

Gomide (2014, p. 39) complementa:

A Imagem Digital pode ser exibida nos monitores, projetores, óculos de realidade virtual, revistas, jornais, ***outdoors*** e muitos outros dispositivos. Também pode ser gerada de diversas maneiras, como por câmeras digitais (de vídeo, de fotografia ou de cinema), ***scanners***, programas de computação gráfica ou placas de vídeo e programas que convertem a imagem analógica em digital. Existem, no entanto, apenas dois caminhos para construir e gerar a imagem digital. E eles fornecem como saída a imagem do tipo ***raster*** ou a vetorial.

Quanto menor é a quantidade de *pixels*, menor é o tamanho da imagem digital e mais fácil é sua percepção.

Figura 4.1 – **Interface de *videogame* com poucos *pixels***

Tartila/Shutterstock

E quanto mais *pixels* há, maior é o tamanho da imagem digital e mais difícil é sua percepção.

Figura 4.2 – **Interface de *videogame* com mais *pixels***

Shal Liubov//Shutterstock

4.2.2 Imagem de rastreio e imagem vetorial

A imagem digital é classificada em dois tipos nos *softwares* de manipulação de imagens:

1. imagem de rastreio (ou *raster*);
2. imagem vetorial.

A **imagem de rastreio** ou ***raster*** é composta de *pixels* e é menor ou maior em tamanho na interface, assim como em tamanho de arquivo, conforme a quantidade desses pontos. Portanto, quanto mais *pixels* houver, maior será a imagem na tela e mais espaço ela ocupará na memória do computador. No entanto, a qualidade da imagem não depende exclusivamente da quantidade desses pontos, pois eles se comportam como cubos na linguagem sistêmica dos *softwares*. Quando redimensionados, os *pixels* podem ficar tão visíveis a olho nu que atrapalham a compreensão da informação visual; é o que chamamos *imagem com baixa resolução*. Resumindo, uma imagem de rastreio nunca tem sua resolução (tamanho) aumentada a partir da imagem original, somente reduzida.

A **imagem vetorial**, por sua vez, não é formada por *pixels*, e sim por fórmulas matemáticas, o que permite que ela seja aumentada ou reduzida sem perda de qualidade visual. O tamanho do arquivo também independe da dimensão dos elementos visuais da composição, o que facilita seu armazenamento em projetos extensos.

Todos os *softwares* de modelagem 3D, como 3ds Max, Rhinoceros 3D, Blender 3D, SolidWorks, Catia 3D, Alias 3D, AutoCAD, Grasshopper e Solid Edge, trabalham com a imagem vetorial o tempo todo.

Imagem digital = alta resolução = usado para documentos impressos

Imagem digital = baixa resolução = usado para ***web*** com 72 dpi[1]

O *pixel*, a menor unidade visual de uma imagem digital do tipo de rastreio, pode ser de qualquer cor (vermelha, azul, verde, preta ou branca) ou transparente. Seu formato é quadrado, e muitos *pixels* juntos formam uma **matriz** – uma tabela organizada em linhas e colunas. A matriz de *pixels* é importante não somente pelo fato de organizar de forma lógica as informações na tabela, mas também para que os *softwares* trabalhem de forma ágil na resposta de

1 dpi = *dots per inch* ("pontos por polegada").

determinado comando do designer. Um bom exemplo disso é o formato JPG, em que o sistema mistura e se desfaz aleatoriamente de diversos quadradinhos de *pixels* para salvar a imagem digital com menor tamanho.

Conforme Lupton (2014, p. 147) explica, "um pixel é um módulo que constrói uma imagem digital. Ele é tão pequeno que raramente reparamos nele. Mas quando os designers criam tipos baseados em pixels, eles usam um único grid de pixels para inventar todas as letras, embora cada uma delas ganhe uma forma singular".

Figura 4.3 – **Tipos baseados em *pixels***

dmitriylo/Shutterstock

A resolução de uma imagem digital corresponde a sua quantidade de *pixels*. Juntos e em grandes quantidades, eles formam a matriz; quanto mais *pixels* estiverem organizados em linhas e colunas, maior será a definição da imagem digital. E quanto mais precisa ela for, maior será sua resolução. A unidade de medida da resolução da imagem digital chama-se *dpi* (*dots per inch*) – traduzida para o português por "pontos por polegada". A quantidade de *pixels* da matriz varia de acordo com o dispositivo, por exemplo: computadores com interfaces de alta resolução poderão ter resolução de 1600 × 1200 *pixels*, ou seja, a nitidez das informações visuais torna-se mais clara e precisa ao usuário. Atualmente, a resolução básica para o trabalho do designer é de 1024 × 768 *pixels*, tanto para utilização quanto para o projeto de peças de divulgação *crossmedia*. É interessante trabalhar com um monitor grande, já que normalmente a resolução deles é maior e permite a utilização de mais de um *software* sendo manipulado ao mesmo tempo – o Illustrator e o Photoshop são exemplos. As extensões de imagem digital mais utilizadas hoje pelos designers são JPG, TIFF, GIF, BMP, PNG, EPS e PDF.

Quadro 4.1 – **Formatos de arquivos e suas características**

Formato	Características
JPG: Joint Photographic Experts Group	• arquivo de imagem digital tipo de rastreio; • padrão em câmera fotográfica profissional; • padrão de redução de tamanho de arquivos extensos; • permite a portabilidade: compartilhamento e armazenamento fácil de fotos digitais na internet; • mais utilizado para imagem digital em *sites* e redes sociais.

(continua)

(*Quadro 4.1 – conclusão*)

Formato	Características
TIF: Tagged Image File	• arquivo de imagem digital tipo de rastreio; • padrão em câmera fotográfica profissional; • padrão para gráficas de impressão *offset*; • permite a portabilidade entre os programas de manipulação de imagem digital; • inventado no final da década de 1990 e comprado pela Adobe Systems; • arquivo muito extenso, precisa ser comprimido.
Gif: Graphics Interchange Format	• criado para ser usado exclusivamente na internet, quer para imagens fixas, quer para animações; • suporta imagens animadas de 256 cores por *frame*; • usado como um meio para o efeito cômico; • foi substituído pelo PNG.
Bmp: Windows Bitmap	• normalmente usado pelos programas do Microsoft Windows; • não utiliza nenhum algoritmo de compressão; • apresenta fotos com maior tamanho.
Eps: Encapsulated PostScript	• arquivo de imagem digital do tipo vetor; • padrão em câmera fotográfica profissional; • padrão mundialmente utilizado para arquivamento, transferência e impressão de imagem digital; • pode conter arquivos gráficos vetoriais em 2D, imagens em bitmap e textos; • suportado em *softwares* de manipulação de imagem tipo de rastreio e vetorial sem perda de informações.
PDF: Portable Document Format (Formato de Documento Portátil)	• formato de arquivo criado pela Adobe Systems em 1993 no início do desenvolvimento da internet; • pode conter texto, gráficos e imagens; • padrão de arquivo aberto: todos podem lê-lo e editá-lo; • para obter qualidade máxima, basta gerar o arquivo direto no programa gráfico no qual a imagem foi produzida; • para obter qualidade mínima, basta gerar o arquivo na matriz na qual ele foi gerado.

4.2.3 Interface digital

A interface é o dispositivo que está entre duas faces, e um bom exemplo é o clássico quadro-negro de uma sala de aula – o objeto é o elo de comunicação entre o professor e o aluno. No design para as mídias virtuais, a interface é a digital e o elo é entre o sistema e o usuário, em que a tela do computador ou do celular constitui a parte visível da comunicação entre as partes.

A diferença entre os exemplos (quadro-negro e interface digital) está no tempo de compreensão das informações, chamadas *tarefas*. Uma tarefa pode ser simples como acordar e olhar a hora no relógio perto da cama, ou complexa como realizar a compra de um produto pela internet num *site* de *e-commerce*, por exemplo. Para a realização de tarefas do mundo real – em que o contato é por meio de interfaces físicas –, o indivíduo tem conhecimento prévio delas e uma enorme facilidade em realizar o desejado; porém o mesmo não acontece nas interfaces digitais. Nesse caso, o indivíduo, chamado *usuário*, deve ter um conhecimento bem maior e uma capacidade de aprendizado mais eficiente, que o remeta ao mundo real. É este o desafio da internet: permitir a realização de tarefas de forma semelhante à do mundo físico, sem deixar o usuário frustrado.

Figura 4.4 – **Interface: celular**

McLittle Stock/Shutterstock

Figura 4.5 – **Interface: caixa eletrônico**

Ververidis Vasilis/Shutterstock

A interface *web*, por exemplo, deve estimular o usuário por meio da empatia das composições visuais. A disciplina Design Emocional complementa a área do design digital com a utilização de elementos de forma, função e emoção. Diferentemente do antigo *slogan* da Escola Bauhaus, na internet, o gatilho do designer é o apelo emocional por meio de metáforas que vão desde a utilização correta do espaço virtual (cores, formas e textos) até a intenção de proporcionar experiências agradáveis em seu **uso**. Por isso, o nome ***usuário***.

Numa primeira instância, a interface tem de ser aprendida pelo usuário. Ele deve adquirir confiança e segurança para entender como será feita a navegação por um *site*. A informação deve ser organizada e apresentada de forma que o usuário consiga rapidamente localizar aquilo que procura.

Em diferentes tipos de projetos, o designer necessita trocar informações com profissionais de diferentes disciplinas, mantendo suas funções originais, porém com transferência de informações de modo colaborativo. A interdisciplinaridade do designer consiste na parceria com especialistas de outras áreas. Uma parceria de longa data, por exemplo, é a do designer com o publicitário, formando o que se convencionou chamar de *dupla de criação*. A mais recente dupla de criação é a do web designer com o profissional de informática (geralmente formado em análise e programação de sistemas) para a criação ou o desenvolvimento de *websites*.

O designer responsável pelo desenho do *site*, depois de receber o *briefing* do produto e os documentos referentes à arquitetura da informação, estará apto a começar seu trabalho. Além dos conceitos relacionados à usabilidade, é importante que o designer pense na Gestalt da página: forma, disposição, harmonia e equilíbrio dos elementos. A interface deve ser vista como uma embalagem, ou seja, apresentar características como facilidade de aprendizado, simplicidade e clareza.

A **usabilidade** é uma função aplicada na criação e na modelação de interfaces de *sites*, aplicativos, *games* e produtos de modo a torná-los fáceis de usar. Hoje, as pessoas desejam ter praticidade e rapidez, e ambas necessitam de uma boa usabilidade. A usabilidade é projetar com foco na emoção que os produtos despertam no usuário. Por isso, o designer deve ficar atento em seus projetos, já que a emoção é inseparável da cognição no ser humano. Os indivíduos costumam raciocinar tomando como base fatos da vida real cotidiana, excluindo análises subjetivas para qualquer tarefa considerada normal – voltamos ao exemplo da tarefa simples de acordar e olhar as horas num relógio. Esse juízo de realidade deve seguir o mesmo raciocínio concreto no mundo virtual, e a expectativa do usuário é pensar, comportar-se e tomar decisões – julgando o que é bom ou ruim – utilizando a mesma lógica racional do mundo concreto.

A seguir, listamos um passo a passo para o desenvolvimento de projetos de *sites* ou aplicativos:

1. Definir o problema do projeto.
2. Levantar os dados necessários.
3. Realizar o *briefing*.
4. Pesquisar as solicitações do cliente.
5. Fazer uma pesquisa de mercado (*benchmark*).
6. Estabelecer um público-alvo.

7. Criar personas com mapa de empatia.
8. Elaborar um mapa mental.
9. Considerar um *moodboard.*
10. Estimular a geração de ideias.
11. Produzir um *brainstorming.*
12. Promover um *brainwriting.*
13. Conceber um projeto com a criação do *website.*
14. Exibir um inventário de conteúdo.
15. Delimitar a jornada do usuário – ecossistema com experiência do usuário (UX).
16. Aplicar um *cardsorting.*
17. Planejar a taxonomia.
18. Instituir um diagrama de navegação.
19. Construir *wireframes* (de baixa e de alta fidelidade).
20. Descrever as referências visuais (percepção visual, Gestalt, semiótica, *ergodesign*, teoria cores, história da arte);
21. Escolher um laiaute.
22. Estruturar um protótipo navegável.
23. Testar a usabilidade.
24. Desenvolver o código.
25. Implementar o *site* ou o aplicativo.

A não preocupação com a etapa das referências visuais durante o desenvolvimento do projeto pode gerar mais trabalho, implicando aumento de tempo e, consequentemente, elevação de custos para a empresa. Cabe ressaltar que o cuidado com a execução da parte criativa do projeto deve acontecer desde a criação inicial até a produção final. Na produção de *websites*, é uma boa ideia o designer considerar que tudo é poluição visual, até que se prove o contrário. É praticamente começar o projeto incluindo o máximo de informações possíveis e depois retirar o excesso.

Oito aspectos são importantes para que o *web* designer tenha a certeza de que os usuários navegarão com facilidade e satisfação em seu *website*:

1. Deixar clara a hierarquia visual (paginação do *site*).
2. Utilizar a proporção áurea na definição de colunas verticais ou horizontais das páginas (seções).
3. Desenhar ícones originais.
4. Manter os botões sempre clicáveis e com cores e tamanhos que chamem a atenção dos usuários.
5. Evitar textos pequenos e em grande quantidade com fontes com serifa.
6. Alinhar as páginas à esquerda, principalmente textos.
7. Repetir características de design em botões, cores, estilos, ilustrações, formatos e tipografias, seguindo a lei da pregnância da forma em todas as páginas.
8. Criar contrastes nas informações visuais ou textuais e diferenciar, lembrando que fundos brancos são mais versáteis para isso.

Como já mencionamos, o número de *pixels* ao longo da altura e do comprimento da imagem digital constituem suas dimensões (dados) no espaço virtual. No entanto, se a imagem digital tiver movimento, deverá ser levado em consideração o tempo. Nesse caso, os dados da imagem variam com o tempo. Trata-se das sequências das imagens, também chamadas *frames*, que resultam na animação ou no vídeo. Vale lembrar que a simulação de movimento nas imagens remonta aos homens pré-históricos e suas pinturas rupestres.

Figura 4.6 – **Pinturas rupestres: imagens em movimento**

Dante Petrone/Shutterstock

Mais tarde, essa simulação apareceu em outros movimentos artísticos, como mostra a Figura 4.7.

Figura 4.7 – **Cubismo**

romi49/Shutterstock

Expandindo essas considerações, o **universo físico** contém os objetos do mundo real que se pretende modelar. O **universo matemático** apresenta a descrição abstrata dos objetos do mundo físico e das leis físicas que atuam no mundo real. O **universo da representação** trabalha com as definições simbólicas e finitas associadas a objetos do universo matemático, que é, por sua vez, a descrição do universo físico. O **universo de implementação** associa as descrições do universo de representação às estruturas de dados, para que se obtenha uma reprodução do objeto no computador (Gomide, 2014).

O padrão das cores utilizadas em interfaces *web*, animações, vídeos ou *games* é o *red, green, blue* (RGB) – vermelho, verde, azul. Em meios digitais que emitem luz, são aplicadas as cores-luz. Em teoria, os mesmos cuidados devem ser observados no que diz respeito à combinação de cores-pigmento para o papel, porém a mídia digital é mais agressiva ao olho humano justamente por ser um meio que emite luz.

Figura 4.8 – **Padrão de cores RGB e padrão de cores CMYK**[2]

Net Vector/Shutterstock

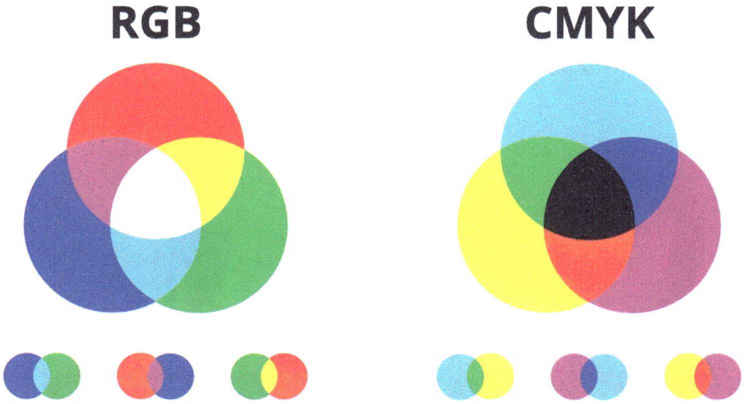

2 Padrão CMYK: *cyan, magenta, yellow and key* ("ciano, magenta, amarelo e chave"). A cor-chave é a preta.

A cor, do latim *colore*, é a impressão que a luz em diferentes comprimentos de onda de radiação eletromagnética visível produz nos órgãos visuais. A cor apresenta movimento, peso e equilíbrio e ocupa espaço. São três as suas características principais: (1) matiz (o nome da cor, como *vermelho* ou *verde*), (2) saturação (indica a pureza da cor, ou seja, o grau de pureza do matiz) e (3) luminosidade (indica o quanto de branco a cor tem) (Farina; Perez; Bastos, 2011).

Conforme assinalamos, o olho humano, entre a infinita variedade de espécies animais, é o mais desenvolvido e apresenta o mais elevado grau de aperfeiçoamento no que tange à captação das manifestações da energia luminosa. Somente o olho é capaz de informar a distância, a direção e a forma dos objetos (Farina; Perez; Bastos, 2011).

Figura 4.9 – **Espectro de cores RGB**

Glitter_Klo/Shutterstock

Na internet, é essencial agradar o usuário e tornar fáceis suas tarefas para que ele atinja a satisfação ao navegar em um *site*. Nesse contexto, a cor é um artifício fundamental para tornar as composições visuais esteticamente harmônicas. Ela se comporta em páginas *web* e em aplicativos de forma mais enfática. Por causa da luz emitida pela interface, a cor atua num alto grau de contraste. Por isso, é fundamental no planejamento visual dos espaços – *roughs* e *wireframes* – o designer digital não exagerar em cores vibrantes para não cansar visualmente o usuário. O profissional tem a obrigação de saber o motivo da utilização de cada cor escolhida na paleta de cores do projeto.

Por exemplo, a acuidade visual, característica do olho humano de reconhecer dois pontos muito próximos, é um alerta em se tratando de imagens digitais, tanto estáticas quanto dinâmicas. Vários cuidados devem ser observados em projetos para mídias digitais. A seguir, listamos algumas dicas referentes à utilização de cores:

- A opção pelo fundo branco é sempre a mais adequada, porém o contraste com a cor preta pode ser agressivo aos olhos por muito tempo.
- A saturação deve ser sensível para a cor branca ou a cor preta.
- O contraste perfeito de preto e branco (p&b) vale somente para a mídia impressa.
- As cores intensas não devem ser utilizadas em áreas grandes na composição digital, a menos que a exposição seja por pouco tempo – no caso de animações, vídeos e *games*.
- O cérebro humano não enxerga uma cor seguidamente da outra rapidamente, e o tempo de latência pode confundir a passagem

de uma cor a outra. Isso acontece com frequência com as cores complementares.

- Os projetos devem ter poucas cores. Alguns teóricos sugerem uma paleta com três cores apenas.
- Os princípios básicos de diagramação das partes (palavras, frases ou imagens) que compõem uma página *web* são quatro: (1) proximidade, (2) alinhamento, (3) repetição e (4) contraste. Deve-se ter atenção com as cores nos dois últimos princípios.
- As cores devem repetir-se no material inteiro para criar reconhecimento visual pelo espectador.
- O contraste deve ser observado se dois itens da composição não forem exatamente os mesmos. Eles podem ser diferenciados completamente utilizando-se cores diferentes, uma cor clara com uma escura, por exemplo.

A cor de um *pixel* é baseada no sistema de cores RGB, e seus valores, diferentemente do sistema impresso CMYK, que se baseia em porcentagem, podem variar de 0 a 255. Essa é a medida matemática para os raios de luz vermelho, verde e azul. A cor vermelha, por exemplo, é representada por 255; 0; 0 – que significa que, na imagem digital, ela tem em sua composição o valor máximo de vermelho e nada das demais cores (verde e azul), que estão zeradas.

O Quadro 4.1 mostra os valores de algumas cores no sistema RGB.

Quadro 4.1 – **Cores no sistema RGB**

Cor	Composição RGB
Preta	0, 0, 0
Branca	255, 255, 255
Vermelha	255, 0, 0
Verde	0, 255, 0
Azul	0, 0, 255
Amarela	255, 255, 0

4.2.4 Canal alfa

O canal alfa pode ser utilizado de diversas formas, e um bom exemplo são as apresentadoras da previsão do tempo nos telejornais. Nesses casos, a imagem do fundo (*background*) é separada da imagem da frente (*foreground*), e ambas correspondem, respectivamente, aos mapas das regiões abordadas e à jornalista.

O canal alfa pode ser criado de diversas maneiras. Pode-se, por exemplo, gravar uma pessoa ou um objeto com um fundo verde ou azul. Essas cores são usadas por serem diferentes dos tons de pele. Depois, ao compor essa imagem sobre outra qualquer, toma-se essa cor como informação para o canal alfa e ela fica transparente nas regiões em que houver essa cor. Esse processo é conhecido por *chroma key*, *color key* ou *chave de cor* (Gomide, 2014).

Figura 4.10 – **Chave de cor**

DGLimages/Shutterstock

O *pixel* pode ser transparente. A palavra *transparência* sugere claridade. Qualquer superfície no mundo real é um pouco transparente ou um pouco opaca. A madeira, por exemplo, é opaca no mundo real, mas no mundo virtual pode ter uma percentagem de opacidade e permitir que outras imagens ou textos passem através dela.

Figura 4.11 – **Transparência no mundo real**

AMV_80/Shutterstock

Figura 4.12 – **Transparência no mundo virtual**

HstrongART/Shutterstock

A *lightbox* contribui para uma boa interação homem-computador por meio do desenho agradável de sua interface em *websites*, pois permite a harmonia estética entre o produto e o usuário e, ainda, o localiza no *site* por sua transparência. Por exemplo, antes de um *show* no teatro ou no cinema, as luzes se apagam. Considerando esse conceito, surgiram as *lightboxes* em páginas de *sites* e aplicativos.

Figura 4.13 – ***Lightbox***

Bearfruit Idea/Shutterstock

Os *softwares* de edição de imagem permitem aos designers que a opacidade seja alterada de 0% a 100% numa imagem estática ou em movimento. Dessa forma, o indivíduo percebe a transparência desses planos virtuais na imagem digital, porém as sensações podem ser diversas em relação à ordenação usada: qual plano está na frente e qual está atrás? Qual é percebido primeiro? Na Figura 4.14, a transparência serve para construir relações entre as imagens digitais do gato, mesclando-as e sobrepondo-as em fundo branco com cores contrastantes.

Figura 4.14 – **Sobreposição de imagens**

Hlornet/Shutterstock

O canal alfa é muito utilizado na confecção de peças para as redes sociais, em que uma imagem digital deve ser clara em sua informação e não deve estar carregada de cores intensas, pois a carga cognitiva do indivíduo poderá confundir-se em sua interpretação. Tudo deve ser leve até mesmo no que respeita à quantidades de informação. A Figura 4.15 mostra um ótimo exemplo de percentagens de espaço em composições para o Instagram. Tanto na forma dos elementos quanto na intensidade da cor elas devem ser moderadas e calculadas.

Figura 4.15 – **Composição para o Instagram**

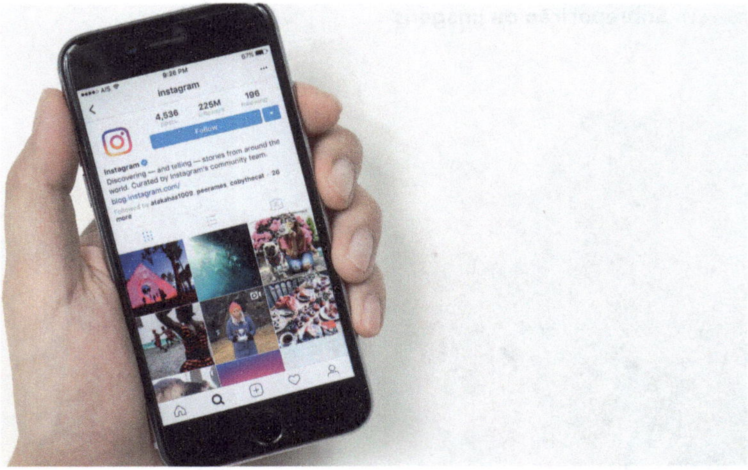

ArthurStock/Shutterstock

Outras técnicas concretas podem ajudar o designer a entender e aplicar a criatividade em *grids* de sistemas, como é o caso da pintura, da costura (ponto-cruz e bordados) e da colagem.

Figura 4.16 – **Bordado**

Mykola Mazuryk/Shutterstock

Em *softwares* de edição de animação e vídeo, a transparência pode mudar no tempo, por exemplo, o efeito *fade*. São fusões de imagens que podem se tornar transparentes (*fade out*) ou se tornarem opacas (*fade in*).

Para Lupton (2014, p. 147),

> A transparência é um princípio fascinante e sedutor. Como pode ser usada para produzir imagens significativas? A transparência pode existir para enfatizar valores de honestidade e clareza através de ajustes e justaposições que mantêm a integridade ou legibilidade dos elementos. Também pode servir para adicionar complexidade ao permitir que as camadas se misturem ou se confundam. Ela pode ser utilizada tematicamente para combinar ou contrastar ideias, conectando diferentes níveis

de conteúdo. Quando usada de maneira consciente e deliberada, a transparência contribui para o sentido da fascinação visual de um trabalho de design.

Nos *softwares* de edição de imagem, a camada transparente é indicada por um *grid* de quadrados brancos e cinzas, como ilustra a Figura 4.17.

Figura 4.17 – **Camada transparente**

Olga Moonlight/Shutterstock

Conforme explica Gomide (2014, p. 92):

Outra forma de criar a transparência é selecionar regiões da imagem e defini-las como transparentes ou opacas. Isso pode ser feito com ferramentas de desenho, em softwares como o Photoshop, o ***After Effects***, o ***Illustrator*** e o ***Gimp***. Essa técnica é conhecida como máscara (***mask***) e as informações dessas transparências e opacidades são incorporadas ao canal alfa.

Lupton (2014, p. 154) complementa:

> Um programa de imagens permite aos designers alterarem a opacidade de quase qualquer elemento gráfico, incluindo tipos, fotografias e imagens em movimento. Para fazer isso, ele [sic] emprega um algoritmo que multiplica os valores tonais de uma camada contra os de uma segunda, gerando uma mistura entre as duas. Tornar qualquer imagem transparente envolve comprometer sua intensidade, baixando seu contraste total.

O conceito de transparência tem sido muito utilizado hoje em dia, tornando-se o centro de estudos de dispositivos móveis inteligentes para um futuro próximo. Tudo isso graças a suas características de fluidez e leveza tanto no mundo físico quanto no virtual.

SÍNTESE

A animação de personagens para jogos eletrônicos no contexto audiovisual é uma área que utiliza intensamente a imagem e os recursos digitais. No caso dos jogos, ela passou por diversas etapas de sofisticação, desde os primeiros *games* com poucos *pixels* e poses, como no jogo Pac-Man, até o estágio atual, caracterizado por uma interatividade cada vez maior do jogador com o *software* e seus personagens em ambientes tridimensionais. As perspectivas futuras são profícuas. No entanto, todo o caminho deve ser percorrido pautando-se no desenvolvimento de *hardware*, primeiramente, e dos algoritmos para a utilização dos recursos de imagem digital, seja esta vetorial, seja de rastreio (Gomide, 2014). Nesse sentido, Lupton (2014, p. 215) ressalta que "A animação compreende diversas formas de transformação visível, incluindo o movimento propriamente dito dos elementos, que voam para dentro ou para fora da tela, assim como mudanças na escala, na transparência, na cor, nas camadas, etc.".

A arte da animação reconta o mundo, as emoções, os conflitos, a realidade cotidiana e suas abstrações, com imagens construídas pelo trabalho do animador, com seus desenhos e suas pinturas ou, sinteticamente, com a computação gráfica (Gomide, 2014).

Lupton (2014, p. 215) esclarece que:

> Qualquer imagem estática possui um movimento implícito (ou uma estagnação implícita), assim como o design em movimento partilha com o impresso princípios composicionais. Hoje em dia, profissionais da área trabalham cotidianamente tanto com mídias temporais como com impressão. E uma mesma campanha deve funcionar simultaneamente nessas diferentes mídias.

Desenvolver projetos centrados no indivíduo/usuário não é novidade para o designer pertencente a qualquer subárea do design. No caso específico do designer digital, são muitas as disciplinas envolvidas em cada etapa do desenvolvimento, e ele deve contar com uma equipe atenta aos entregáveis para atingir o escopo de qualidade desejada.

No início da década de 1990, era comum a pergunta: "Você tem e-mail?". Já ao final desta mesma década, a pergunta evoluiu para: "Qual é seu e-mail?", considerando-se óbvio o indivíduo ter um endereço de correspondência eletrônica. Hoje, a mesma pergunta ultrapassa a questão do produto em si e se transforma, por exemplo, em: "Qual é o seu WhatsApp?".

EKKAPHAN CHIMPALEE/Shutterstock

CAPÍTULO 5

DESIGN E FOTOGRAFIA

CONTEÚDOS DO CAPÍTULO

- Fotografia.
- Câmera escura.
- Hierarquia visual.
- Consistência.
- *Grids*.

APÓS O ESTUDO DESTE CAPÍTULO, VOCÊ SERÁ CAPAZ DE:

1. reconhecer a importância da área de design gráfico;
2. identificar os diversos tipos de mídia impressa;
3. organizar harmonicamente o conteúdo de uma mídia impressa;
4. verificar a consistência visual de um anúncio ou de uma propaganda;
5. usar *grids* para melhorar a percepção de uma comunicação visual.

A **fotografia** e o **design** são campos de formação interdisciplinares e encontram-se ligados por seus conteúdos – a primeira trata de imagem fotográfica e a segunda a complementa com elementos visuais que harmonizam a composição final.

Portanto, os dois campos caminham juntos e atualmente dependem um do outro – mesmo o segundo tendo surgido no século anterior ao primeiro. Existem designers fotógrafos e fotógrafos que complementam seus estudos se profissionalizando em cursos de design gráfico, design de moda e design de interiores. A disciplina de fotografia em cursos de design de nível superior equivale à carga horária de até duas disciplinas no currículo dos cursos de bacharelado e apenas uma em cursos mais compactos, como é o caso dos tecnólogos. A ementa abrange manipulação da imagem digital com o aprendizado em registros fotográficos, além de conhecimentos do manuseio do equipamento necessário e seus acessórios.

A fotografia agregou conceitos ao longo da história, e graças às novas tecnologias tornou-se de fácil acesso até mesmo nos celulares mais baratos do mercado. Hoje, a situação do consumidor se inverteu, sendo comum a compra de um aparelho celular em função da qualidade de sua câmera; e a escolha da melhor câmera depende das expectativas quanto à qualidade da imagem digital.

Para avaliar se um aparelho de celular mais barato atende às necessidades de um fotógrafo, ele deve, inicialmente, avaliar se precisa fotografar ou filmar, se o objetivo é profissional ou caseiro, se é necessária uma câmera frontal ou traseira, dupla, tripla, quádrupla ou até mesmo sêxtupla e, ainda, verificar os seguintes itens:

- capacidade do sensor à luminosidade;
- capacidade de memória;
- resolução *full HD*;
- bateria recarregável;
- lente angular ou *ultrawide*, para a captura de cenas abertas e com *zoom* digital;
- lente teleobjetiva ou *telephoto* com *zoom* óptico para ampliar objetos;
- múltiplas lentes, que permitem fotos com diferentes níveis de desfocamento.

Além desses cuidados, antes de tirar qualquer foto, é necessário limpar a lente da câmera, pois o celular é colocado em superfícies das mais diversas e a lente fica suja mesmo que pareça limpa. Também vale verificar os ajustes do aparelho para a qualidade das fotos e deixá-lo com o máximo de qualidade possível, pois a foto pode parecer boa na tela do celular, mas não na tela do computador, o que implica retrabalho.

A tecnologia mais recente disponível no mercado é a câmera *pop up* e *flip*, que permite uma *selfie* de maneira mais facilitada e se deixa esconder no corpo do aparelho quando não estiver sendo usada, além de preservar detalhes da textura da pele com seu alcance dinâmico.

5.1 Câmera escura

A fotografia surgiu com base no conceito de câmera escura (ou câmera obscura) no século XIX. Trata-se de uma caixa de tamanho variável com lados opacos que têm um orifício pequeno em uma de suas faces, pelo qual a luz, refletida por algum objeto externo, entra, atravessando a caixa e atingindo sua superfície interna oposta à do orifício – superfície fotossensível –, na qual se projeta a imagem invertida daquele objeto.

A câmera escura era conhecida pelos chineses e pelos gregos e, no século XVI, Giambattista della Porta (1535-1615) descreveu seu uso com detalhes colocando uma lente no furo. Ela era utilizada para observar eclipses solares e para produzir desenhos das imagens projetadas (Gomide, 2014).

Figura 5.1 – **Câmera escura**

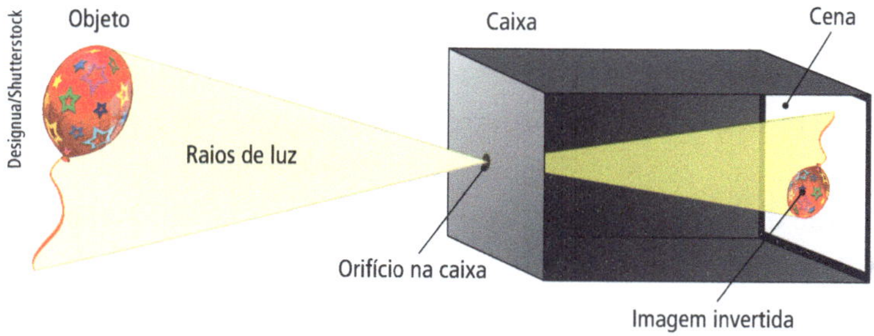

Foi o empresário George Eastman, fotógrafo amador, que em 1880 desenvolveu a câmera Kodak, ou seja, inventou o filme em rolo e, consequentemente, a fotografia – inicialmente em tons de cinza. A primeira câmera simples do mundo passou a ser comprada por consumidores vorazes em 1888. A fotografia colorida surgiu somente no ano de 1904, com os filmes pancromáticos, sensíveis a uma emulsão fotográfica que reproduzia as cores reais de uma cena. Hoje, a Kodak mantém sua tradição no mercado como uma empresa de alta tecnologia comprometida com a sustentabilidade mundial e com foco em impressão *offset* e jato de tinta.

Segundo Lupton (2014, p. 13),

> A fotografia, inventada no início do século XIX, capta a luz refletida automaticamente. As variações tonais da fotografia eliminaram a trama intermediária de pontos e linhas. Apesar disso, a reprodução dos tons de uma imagem fotográfica implica sua tradução em marcas meramente gráficas, pois praticamente todos os métodos de impressão mecânica — da litografia à impressão a laser — trabalham com tintas sólidas. A retícula, inventada por volta de 1880 e usada ainda hoje, converte uma fotografia em um padrão de pontos maiores ou menores, simulando a variação tonal com manchas sólidas de preto ou cores puras. O mesmo princípio é empregado na reprodução digital.

A lente do olho humano também revela uma imagem invertida; é o cérebro que a corrige, convertendo a imagem para a posição correta. Já a córnea (tecido transparente que envolve a pupila na parte frontal) funciona como a lente de uma câmera fotográfica, permitindo a captação de luminosidade pelos bastonetes e a formação da imagem na retina, conforme já explicamos no capítulo anterior.

Ao se considerar os campos do design e da fotografia, estabelece-se uma diferença fundamental: o primeiro é pragmático e visa ao lucro; o segundo se permite ser subjetivo e a influência artística fica em evidência. Não há regras, pois a existência dos campos numa sociedade cria uma relação assimétrica ou de hierarquia concreta, mesmo levando-se em consideração suas relações ao longo da história. Hoje, é preciso entender os dois campos como interdependentes e avaliar sua mobilidade em conjunto na sociedade: as duas profissões são realidades indispensáveis.

Para o designer, um estudo mais aprofundado no campo da fotografia pode ampliar seus conhecimentos em estética e elevar a qualidade dos entregáveis, aumentando as noções de harmonia visual, qualidade técnica e criatividade nas composições visuais. Boas fotografias podem fazer o designer dispensar os bancos de imagens, tornando seu trabalho ainda mais original. Elas, ainda, ajudam a desenvolver a criatividade e proporcionam a inovação.

5.2 Gestalt e fotografia

A teoria da Gestalt também se aplica às composições fotográficas, principalmente em fotografias de objetos industriais. Como registramos no Capítulo 2, as leis da Gestalt não são somente observadas no design de produto, mas também na comunicação visual, abrangendo o campo do design e suas subáreas. O fotógrafo é o profissional que complementa o planejamento visual das informações em jornais, revistas, livros, *folders* e cartazes e cria infográficos, *websites* e animações para o meio digital. Isso significa que ele atua no suporte visual, já que a fotografia é um dos elementos essenciais da mensagem, contribuindo para a boa forma visual.

Das leis da Gestalt – proximidade, semelhança, pregnância, fechamento, experiência ou familiaridade, simetria, continuidade e figura-fundo –, essa última é a mais importante para as composições fotográficas. A lei da figura-fundo determina a percepção visual, na qual objetos e figuras interagem com o espaço, ou seja, o fundo. Objetos interagem com outros nas composições fotográficas.

Uma relação estável de **figura-fundo** existe quando uma forma se destaca claramente do fundo. Em geral, a fotografia opera de acordo com esse princípio, pois alguém ou algo é representado diante de um cenário (Lupton, 2014).

A figura-fundo se efetiva quando os elementos visuais da composição operam de forma a atrair a atenção do indivíduo de maneira diferenciada. É quando a percepção visual alterna entre o positivo e o negativo. O desafio de encontrar o ponto focal (ou o ponto perceptivo) da imagem é que torna interessante e dinâmica a composição. Esse jogo de formas é essencial em projetos de designers, ilustradores e fotógrafos, pois desafia o olhar do indivíduo como um enigma a ser solucionado – climas de mistério são sempre bem-vindos. O êxito da compreensão da mensagem visual está justamente na emoção que ela provoca, visto que forma e função já cumpriram seu papel.

A **lei da proximidade** consiste em agrupar os elementos para a foto de forma que os objetos, as pessoas ou as paisagens estejam se relacionando no espaço com equilíbrio. Quando se trata de paisagens naturais, os conjuntos já vêm "prontos" e a destreza do fotógrafo é aplicada na luz ou nos ângulos da foto.

A **lei da semelhança** se comporta de forma parecida com a da proximidade. No caso de *sites* para *shoppings*, por exemplo, o fotógrafo deve usar a mesma luz e o enquadramento nas fotos das fachadas das lojas que serão publicadas nas páginas *web*. Já imaginou se cada empresário resolver enviar suas fotos amadoras para o *web* designer?

Além da bagunça visual, as fotos ficariam muito diferentes entre si e o projeto perderia a identidade.

Ao observarmos o mundo em nossa volta ou uma fotografia, constatamos que a quantidade de dados é imensa. A fotografia do busto de uma pessoa num fundo com uma única cor tem muito menos informação do que a fotografia de uma paisagem, com todos os seus detalhes, com as folhas e as sombras, por exemplo, (Gomide, 2014). A **lei da pregnância** fica mais evidente em fotos com menos elementos; nesse caso, a fotografia do busto tende a ter alta pregnância, ao passo que a da paisagem tem pregnância de média para baixa.

A **lei do fechamento** em fotografias agrupa elementos de maneira a construir uma figura na imagem mais fechada ou mais completa. O fotógrafo determina na composição fotográfica o ajuste dos objetos, das pessoas ou da paisagem para conduzir o olhar na sensação do fechamento.

Já a **lei da experiência** ou da familiaridade está presente em todas as fotos nas quais o olho humano pode reconhecer as coisas do mundo real. Excluem-se, nesse caso, as fotos do que não é concreto nem real.

A **lei da simetria** relaciona-se com base de uma foto nos eixos de referências vertical, horizontal e diagonal. O olho humano tende a agrupar simetricamente objetos, pessoas ou itens de uma paisagem qualquer para criar dinamismo na visualização. Na ausência de simetria, buscar o equilíbrio visual torna-se tarefa complicada para o fotógrafo, porém, evidenciando a hierarquia dos elementos, é possível obter resultados interessantes. No exemplo apresentado na Figura 5.2, além de a modelo estar fora do eixo central do espaço da foto, as cores aplicadas na maquiagem de seu rosto potencializam a ausência de simetria. O contraste das cores também confere à composição um ineditismo fotográfico.

Figura 5.2 – **Lei da simetria na fotografia**

Subbotina Anna/Shutterstock

A **lei da continuidade** é inerente à publicidade, principalmente no lançamento de uma linha de produtos. Uma foto obedecendo a esse princípio se constitui numa composição orgânica e visualmente atraente aos olhos humanos, visto que apresenta equilíbrio e harmonia. No exemplo a seguir, os frascos de perfume se alinham por ordem de tamanho, formas e cores suaves.

Figura 5.3 – **Lei da continuidade na fotografia**

IMG Stock Studio/Shutterstock

Já no exemplo da Figura 5.4, a boa continuidade é interrompida pela falta de equilíbrio e de hierarquia dos frascos de perfume, causando uma desarmonia visual. As cores sem contraste ajudam a tornar a composição monótona e pouco atrativa aos olhos.

Figura 5.4 – **Ausência da lei da continuidade na fotografia**

AlekseyJL/Shutterstock

5.3 Luz, cores e fotografia

A luz pode ser irradiada, refletida, transmitida (como no caso dos objetos transparentes ou semitransparentes) ou penetrar nos objetos translúcidos, retornando de camadas mais profundas, sem atravessá-los, como no tomate, no leite e na pele (Gomide, 2014). Como a luz é refletida pelos objetos, as câmeras fotográficas comuns conseguem captar boas imagens para composições, porém é preciso utilizar lentes especiais para fotografar objetos que irradiam luz, como o Sol, as estrelas, as lâmpadas, os projetores, as televisões e os monitores de computador.

As cores, dependendo de como se organizam, podem dar a impressão de que algo está a recuar ou avançar de acordo com o contexto em que atuam. O volume do objeto pode ser alterado pelo uso da cor. Além disso, este pode ser um elemento de peso. Uma composição, por exemplo, pode ser equilibrada ou desequilibrada, em um espaço bidimensional, pelo jogo das cores que nele atuam (Gomes Filho, 2004). Numa fotografia colorida, a quantidade de cores e o contraste entre elas devem ser minuciosamente observados pelo fotógrafo, pois esses aspectos poderão influenciar a composição de forma positiva ou negativa – exemplo da Figura 5.3, da lei da continuidade. Lupton Phillips (2014, p. 74), explicam que:

> Toda cor pode ser descrita em relação a um conjunto de atributos. Compreender essas características pode ajudar a fazer escolhas e a compor combinações de cores. Usar aquelas com valores contrastantes tende a precisar mais as formas, assim como a combinação de cores de valores próximos suaviza a distinção entre os elementos.

As cores representam um elemento a mais para o fotógrafo considerar em suas composições. Em excesso ou malplanejadas, elas podem apresentar desequilíbrio, gerando complicação visual.

O contraste por luz e tom baseia-se nas sucessivas oposições de claro e escuro. O efeito da luz, reproduzindo-se sobre os objetos, cria a noção de volume – com a presença ou a ausência da cor (Gomes Filho, 2004).

As cores em projetos de design não podem ser escolhidas pelo gosto pessoal. Elas devem seguir o *briefing* e o *brainstorming*, pois representam um valor de conceito subjetivo e variável. A função das cores é despertar atenção, interesse, harmonia, desejo e ação. Elas também são usadas para estimular, acalmar, afirmar, negar, decidir ou curar. O Quadro 5.1 apresenta as cores mais importantes do espectro e suas principais sensações.

Quadro 5.1 – **Cores e as principais sensações que provocam**

Cor	Sensações
Branca	Paz, pureza, harmonia e inocência
Preta	Noite, morte, dor e tristeza
Vermelha	Guerra, fogo, movimento e sensualidade
Laranja	Calor, alegria, prazer e humor
Amarela	Luz, verão, euforia e expectativa
Verde	Natureza, bem-estar, liberdade e esperança
Azul	Céu, frio, fantasia e afeto
Roxa	Sonho, mistério, luxúria e espiritualismo
Marrom	Café, doce (chocolate), terra e melancolia
Rosa	Infância, afeto, feminilidade e delicadeza

A harmonia visual das cores é fundamental numa composição. A dupla de cores com maior contraste e perfeição é composta da preta e da branca (p&b) para qualquer meio. Quando aplicadas em composições fotográficas, as cores permitem ao espectador até mesmo imaginar a realidade. O contraste entre a preta e a branca se dá justamente por a primeira ser a ausência de luz e a segunda ser a soma de todas as outras cores (luz).

Figura 5.5 – **Cores preta e branca na fotografia**

Volodymyr TVERDOKHLIB/Shutterstock

Entre a luz e a escuridão, há uma grande variação de tons. Numa representação monocromática, pode-se utilizar uma escala de cinza, que vai do branco ao preto, obtida pelo uso de retículas e padrões. Um mesmo tom muda seu valor conforme outro a ele se associe, segundo certas relações contextuais. O contraste por luz e tom é um recurso visual bastante explorado, por exemplo, na fotografia, na pintura e nas artes cênicas (Gomes Filho, 2004).

Além das totalidades e das ausências de cor, logo após a dupla preto-branco, a cor vermelha merece especial atenção em composições visuais. Entre todas as cores do espectro, o vermelho atinge a retina com a maior velocidade possível para seu entendimento pelo cérebro. Isso confere a ela maiores contraste e harmonia visual também com as cores branca e preta.

Figura 5.6 – **Cor vermelha na fotografia**

Ryan DeBerardinis/Shutterstock

O significado das cores varia de uma cultura para outra, ou seja, têm diferentes conotações em diferentes sociedades. O branco representa virgindade e pureza no Ocidente, porém é a cor da morte nas culturas orientais. O vermelho, usado pelas noivas no Japão, é considerado extravagante e erótico na Europa e nas Américas (Lupton, 2014). Portanto, deve-se ter cuidado na utilização das cores, sendo preciso colher o *briefing* do projeto com atenção e utilizar as cores em conformidade com o público-alvo.

PARA SABER MAIS

O fotógrafo e publicitário italiano Oliveiro Toscani trabalhou por duas décadas nas campanhas da marca Benetton. Seu trabalho provocativo propunha refletir sobre a função e o impacto social da fotografia publicitária.

Para conhecer mais sobre suas criações e sobre seu pensamento, assista à entrevista que Toscani concedeu ao programa Roda Viva em 1996.

TV CULTURA. Roda Viva| Oliviero Toscani | 18/09/1996. 87 min 4 s. Disponível em: <https://tvcultura.com.br/playlists/48_roda-viva-arte-e--cultura_gTQg92_XJHg.html>. Acesso em: 14 jul. 2022.

5.4 Imagem fotográfica

A invenção do computador, especialmente o Macintosh, acelerou o trabalho dos arte-finalistas que recebem as composições visuais (leiautes) em partes distintas. Antes, as fotografias, por exemplo, eram ampliadas e retocadas em um laboratório especial, e o designer precisava acompanhar todo esse processo de artes-finais, cortes e colagens de textos e imagens fotográficas sobre pranchas.

Os diversos *softwares* de edição de imagem fotográfica agilizam o processo e permitem que designers editem infinitamente as composições sem precisar pagar outros profissionais especializados para essa tarefa. Tudo ficou mais fácil, porém o designer hoje sofre também com a concorrência daqueles que não têm formação, atuando como amadores. Além disso, o excesso de utilização do computador em determinados projetos pode ter resultados mais superficiais, e, na correria da entrega, com prazos cada vez mais curtos, o designer não cumpre todas as etapas do levantamento de dados e compromete os entregáveis.

A fotografia capta a luz refletida automaticamente, e suas variações tonais eliminam a trama intermediária de pontos e linhas. Apesar disso, a reprodução dos tons de uma imagem fotográfica implica sua tradução em marcas meramente gráficas, pois praticamente todos os métodos de impressão mecânica – da litografia à impressão a *laser* – trabalham com tintas sólidas. A retícula, inventada por volta de 1880 e usada ainda hoje, converte uma fotografia em um padrão de pontos maiores ou menores, simulando a variação tonal com manchas sólidas de preto ou de cores puras. O mesmo princípio é empregado na reprodução digital (Lupton, 2014).

Em 1957, Russel Kirsch, um pesquisar do Massachussets Institute of Technology (MIT), nos Estados Unidos, usou a fotografia de seu filho recém-nascido para produzir a primeira imagem digital. Para isso, ele usou um equipamento chamado *fotomultiplicadora* (Gomide, 2014). As fotomultiplicadoras geram correntes elétricas que, por sua vez, preenchem de cor retângulos em linhas e colunas de *pixels*. Por esse motivo, até hoje a quantidade de *pixels* determina a resolução de uma imagem digital. A partir desse evento, surgiram diversas ferramentas de manipulação: a caneta ótica, que permitia desenhar diretamente na tela do computador, o *joystick* e o *mouse*. Os *softwares* se tornaram mais eficazes, assim como os *hardwares*, fazendo surgir um novo campo chamado *computação gráfica*.

5.5 Gêneros fotográficos

O olho mecânico da câmera delimita o campo de visão de modo diverso do olho humano. Cada vez que se usa a câmera para tirar uma foto, faz-se um recorte da imagem real. Contrariamente, o olho encontra-se em constante movimento, focando o tempo todo em diversos estímulos do ambiente (Lupton, 2014).

Os gêneros fotográficos correspondem aos tipos de fotografia mais praticados no mercado hoje em dia:

- fotografia de retrato;
- fotojornalismo;
- macrofotografia;
- microfotografia;
- fotografia publicitária;
- fotografia infantil;
- fotografia de cães ou *pets*;
- fotografia artística;
- fotografia de moda;
- fotografia documental;
- fotografia esportiva;
- fotografia de viagens;
- fotografia subaquática;

- fotografia erótica;
- fotografia astronômica;
- fotografia arquitetônica;
- fotografia de culinária;
- fotografia de paisagem;
- fotografia científica;
- fotografia social.

A **fotografia de retrato** não é uma novidade como gênero, pois remonta aos tempos mais antigos, quando o retrato era utilizado pelas escolas de arte como uma técnica artística e seus pintores eram designados *retratistas*. O que diferencia o gênero é a presença de um rosto em destaque. Não se deve confundir com foto 3×4 muito comumente utilizada em documentos. Na Figura 5.7, há várias pessoas na cena, porém a mulher em destaque basta para chamarmos a foto de *retrato*.

Figura 5.7 – **Fotografia de retrato**

Jacob Lund/Shutterstock

O **fotojornalismo** é o único gênero em que o momento da foto se torna até mais importante do que a própria imagem, pois é informativa. Nessa vertente, profissionais são contratados para tirar fotos que comporão uma revista ou um jornal de conteúdo informativo. A Figura 5.8 mostra uma fotografia que surpreendeu a cidade de Niterói em março de 2020, com as ruas vazias por causa da pandemia do coronavírus.

Figura 5.8 – **Fotojornalismo**

renatopmeireles/Shutterstock

A **macrofotografia** mostra a imagem de pequenos objetos, revelando detalhes que são invisíveis a olho nu. Esse gênero se caracteriza quando se faz a ampliação de cerca de 10 vezes o tamanho real. Ela é muito utilizada na biologia para o estudo científico de animais invertebrados, já que, por classificação, eles costumam ser bem menores que os vertebrados, que têm esqueleto. Um bom exemplo é o gafanhoto, cujo comprimento varia de 45 mm (machos) a 55 mm (fêmeas), conforme Figura 5.9.

Figura 5.9 – **Macrofotografia**

ACVOLANTE/Shutterstock

A **microfotografia**, por sua vez, consiste em registrar itens totalmente imperceptíveis ao olho humano e só visíveis através das lentes de um microscópio em um laboratório. A técnica requer um equipamento específico e ambiente adequado: microscópio, lâminas, lamínulas e micrótomo, além de lentes especiais para a câmera fotográfica (Figura 5.10).

Figura 5.10 – **Microfotografia**

Inked Pixels/Shutterstock

A **fotografia publicitária** é totalmente planejada antes de sua execução e tem foco no público-alvo da campanha. Seu objetivo é vender um produto, uma ideia ou um serviço. Para um bom resultado, são imprescindíveis criatividade e um ótimo *briefing* da campanha. O fotógrafo publicitário geralmente é *freelancer* e atua no desenvolvimento de fotos para cardápios de restaurantes, catálogos de indústrias e anúncios de revista, ou seja, o comércio local. A fotografia publicitária também é chamada *fotografia comercial*, envolvendo a publicidade de marcas de empresas, ideias, produtos ou serviços que precisam transmitir valores a seus públicos. O designer pode atuar também nesse campo, porém os *experts* são os profissionais da comunicação social, com habilitação em publicidade e propaganda. Como exemplo, a Figura 5.11 mostra uma campanha para uma empresa de cosméticos.

Figura 5.11 – **Fotografia publicitária ou comercial**

CreamLabrador/Shutterstock

PARA SABER MAIS

Para conhecer os trabalhos de Anne Guedes, acesse o site da fotógrafa:

ANNE GUEDES. Disponível em: <https://www.annegeddes.com/>. Acesso em: 14 jul. 2022.

A **fotografia infantil** sempre esteve em alta, e agora a moda é a **fotografia *pet***. Ambas devem ser produzidos por um especialista, pois tanto crianças quanto cachorros e gatos não param quietos. Para os recém-nascidos, as fotos infantis começam já na barriga da mãe, passando pelo parto e seguindo até quando já são crianças maiores, podendo ser feitas em estilo *book* – para os recém-nascidos, chama-se *ensaio newborn*. A fotógrafa mais famosa nesse gênero se chama Anne Guedes, uma australiana que fotografa bebês ou crianças pequenas em diferentes cenários e figurinos há mais de vinte anos – ela foi a pioneira no tema. Trabalhar com esse gênero exige muita experiência e cuidado, pois os objetos e os cenários devem ser especiais para o conforto dos fotografados (Figura 5.12).

Figura 5.12 – **Fotografia infantil**

Rostov Oleksandr/Shutterstock

Já os fotógrafos de animais de estimação também devem ser adestradores, além de apaixonados por bichos. Somente assim conseguirão captar uma boa imagem fotográfica do dono com seu *pet*, como no exemplo da Figura 5.13.

Figura 5.13 – **Fotografia *pet***

Olena Yakobchuk/Shutterstock

A **fotografia artística** é o gênero mais complexo, pois nela a criatividade é aliada à ousadia. Ela retrata a realidade de forma simples, porém com um toque incomum. A emoção é passada ao espectador e isso é traduzido em arte. É a fotografia liberta de regras como luz, foco, distância, velocidade – valem a originalidade e a inovação do fotógrafo (Figura 5.14).

Figura 5.14 – **Fotografia artística**

Anna Nass/Shutterstock

A **fotografia de moda**, também conhecida como *editorial de moda*, abrange ensaios fotográficos para a divulgação de uma coleção de roupas ou para o lançamento de uma marca de moda. O ensaio deve mostrar a ideia ou o conceito que a empresa deseja transmitir , sempre dirigindo-se ao público-alvo certo. Esse gênero de fotografia é para profissionais que já têm interesse por moda, pois esse quesito facilitará seu sucesso no ramo (Figura 5.15).

Figura 5.15 – **Fotografia de moda ou editorial de moda**

HighKey/Shutterstock

A **fotografia documental** conta uma história por meio de uma imagem, ou seja, é um registro histórico de um fato, o que a torna um gênero bem particular. Os temas podem variar: fotografias de eventos sociais, álbuns de família ou fotos de viagens. Ela registra os sentimentos de um indivíduo ou um objeto de forma poética. Como exemplo, citamos uma festa bem animada: o Dia dos Mortos, no México – quando os mortos vêm visitar seus parentes, segundo a lenda. A tradição mexicana é festejada com muita comida, música e bebida preferidas daqueles que já se foram (Figura 5.16).

Figura 5.16 – **Fotografia documental**

Ilan Derech/Shutterstock

A **fotografia esportiva** é o registro dos atletas em ação, ou seja, em competição. Tem emoção e adrenalina e é um dos gêneros mais desafiadores para o fotógrafo justamente por sua natureza dinâmica, o que exige muita preparação técnica. Muitas vezes, a imagem reflete um momento específico que a visão humana ao vivo não foi capaz de captar, como é o caso dos "tira-teimas". Além de atletas contratarem fotógrafos para registrar suas vitórias, o especialista nesse gênero pode trabalhar para editoras, jornais, revistas e *sites* de notícias esportivas. Estar no lugar certo e na hora certa não é sorte, pois é preciso familiaridade com o esporte (Figura 5.17).

Figura 5.17 – **Fotografia esportiva**

sportoakimirka/Shutterstock

A **fotografia de viagens** é instigante e capaz de estimular pessoas a conhecer determinados lugares. Nesse caso, a missão do fotógrafo é retratar da melhor forma possível uma viagem, pois as imagens poderão ser vendidas para catálogos de empresas de turismo ou *sites* especializados. Contar uma história pode ser interessante, mas é preciso lembrar que, para fazer fotos não tradicionais, deve haver sentimento – é isso que a diferencia da fotografia documental. É importante fazer um levantamento sobre a região antes de partir para a viagem, isto é, a pesquisa é fundamental (Figura 5.18).

Figura 5.18 – **Fotografia de viagens**

A **fotografia subaquática** exige treinamento em mergulho e em flutuação e equipamento fotográfico apropriado. O registro da fauna e da flora subaquática requer muito cuidado e atenção do fotógrafo: sob a água, os objetos parecem estar mais próximos do que realmente estão. Esse gênero fotográfico é considerado um dos mais difíceis e perigosos e por isso exige muita experiência. O fotógrafo precisa de muita perícia para se sujeitar a fortes correntezas, marés altas e baixas visibilidades (Figura 5.19).

Figura 5.19 – **Fotografia subaquática**

weera bunnak/Shutterstock

A **fotografia erótica** difere da pornografia. Trata-se de uma arte com o intuito de exibir beleza e estimular uma reflexão sobre a cena. A responsabilidade do profissional é essencial nesse gênero, pois as fotografias envolvem a nudez sem vulgaridade. Os registros do corpo nu pelas lentes fotográficas precisam superar tabus e vencer a censura, sendo algo desfiador transformar a imagem em poesia (Figura 5.20).

Figura 5.20 – **Fotografia erótica**

A **fotografia astronômica** ou **astrofotografia** exibe o céu com seus objetos celestes. Geralmente, um bom fotógrafo das estrelas é também astrônomo. A primeira foto que marcou o gênero foi tirada da Lua em 1840; hoje, a astrofotografia revela objetos no céu que são invisíveis a olho nu. Os fotógrafos especializados costumam registrar suas fotos em locais afastados dos centros urbanos ou até mesmo viajar para locações desérticas a fim de capturar o melhor registro possível da Via Láctea e de outras nebulosas e galáxias (Figura 5.21).

Figura 5.21 – **Fotografia astronômica**

Denis Belitsky/Shutterstock

A **fotografia arquitetônica** é essencial para arquitetos, engenheiros e designers de interior. Esse gênero registra construções, monumentos, obras e ambientes internos e externos. Aqui, a iluminação é um dos aspectos mais importantes a ser dominado para se conseguir uma boa foto, em conjunto com a angulação e a profundidade. A criatividade do fotógrafo pode realçar a beleza do concreto das construções urbanas, e prédios e casas ganham "personalidade". Esse gênero se divide em duas subáreas:

1. fotografia arquitetônica informativa (Figura 5.22);
2. fotografia arquitetônica artística (Figura 5.23).

Figura 5.22 – **Fotografia arquitetônica informativa**

VTT Studio/Shutterstock

A foto da Figura 5.22 revela detalhes da estrutura da ponte. Provavelmente, o registro foi tirado para ser utilizado com fins de engenharia da forma. Já no registro da Figura 5.23, percebemos a intenção subjetiva do fotógrafo no contraste das nuvens do céu com a ponta de uma edificação, numa tentativa de comparar um com o outro.

Figura 5.23 – **Fotografia arquitetônica artística**

designium/Shutterstock

A **fotografia culinária** causa efeito imediato nos indivíduos – literalmente, pode lhes dar água na boca. O fotógrafo trabalha a foto no intuito de despertar a percepção gustativa – sendo possível despertar também a percepção olfativa. É o desejo de saborear os alimentos que a imagem representa. Sabores e odores são dois sentidos humanos indissociáveis. Nesse gênero, o fotógrafo e estilista de culinária precisa ser habilidoso, pois o preparo do cenário contribui fortemente para um bom registro (Figura 5.24).

Figura 5.24 – **Fotografia culinária**

foodandcook/Shutterstock

Nesse caso, as bebidas também são um desafio. No caso da cerveja, por exemplo, é preciso montar uma estrutura de iluminação adequada com pelo menos dois *flashes* em posição justaposta para iluminar o objeto e o líquido. Esse esquema faz o indivíduo ter a sensação de que a bebida está gelada (Figura 5.25); afinal, cerveja quente não vende.

Figura 5.25 – **Fotografia culinária (bebida)**

Nitr/Shutterstock

A fotografia culinária é essencial em *sites* de restaurantes ou em aplicativos de *delivery* de comida. O usuário deve navegar nas páginas e ter a experiência real de uma loja física. No caso do *delivery*, a decisão de compra muitas vezes se define somente pela imagem, já que as percepções olfativa e gustativa inexistem, mesmo com o cérebro atuando juntamente à percepção visual e transmitindo as sensações de cheiro e de gosto de um prato já saboreado anteriormente.

A **fotografia de paisagem** ou **fotografia de natureza** é contemplativa e as possibilidades para o fotógrafo são infinitas. As imagens são de grandes cenários naturais: montanhas, florestas, mares e fenômenos meteorológicos (Figura 5.26).

Figura 5.26 – **Fotografia de paisagem**

A **fotografia científica** é utilizada para divulgar pesquisas científicas e ilustrar livros de ciências (físicas ou biológicas) em conteúdos que buscam unir a sociedade científica (Figura 5.27). Ela abrange a microfotografia, tirada com o auxílio de um microscópio, para capturar a imagem de células e micróbios, por exemplo.

Figura 5.27 – **Fotografia científica**

OlgaReukova/Shutterstock

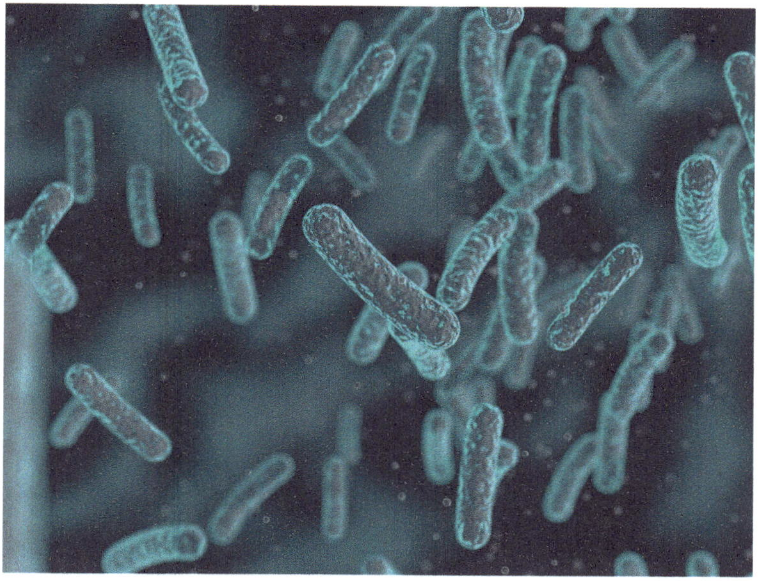

Por fim, a **fotografia social** é a mais comum de todas e está em alta na sociedade atual. No final da década de 1990, vários fotógrafos hoje renomados iniciaram sua carreira de sucesso graças a postagens em *sites* e em redes sociais. São fotos do dia a dia de uma família, de eventos (batizados, casamentos, aniversários), festas, reuniões no trabalho ou com amigos – a demanda é grande por esse gênero e trata-se de uma ótima dica para quem gosta da vida social (Figura 5.28).

Figura 5.28 – **Fotografia social**

PH888/Shutterstock

Apesar de os gêneros fotográficos serem distintos em sua grande maioria, o designer que decidir também ser fotógrafo deve atentar-se para ampliar os tipos de fotografia com os quais deseja trabalhar para incrementar seu portfólio, além de fazer cursos de especialização. Quanto mais completo for o currículo do designer, mais oportunidades aparecerão para ele no mercado de trabalho.

5.6 Acessórios fotográficos (lentes)

Os **acessórios fotográficos** necessários para se obter uma boa fotografia podem equipar para câmeras fotográficas tradicionais ou aparelhos de celular. Os *kits* básicos para os dois casos podem ser lentes, luz e tripé.

As **lentes** são a essência de uma câmera e projetam a imagem a ser capturada. Elas são tubos de vidro com números e siglas em suas laterais que exprimem suas características principais. A câmera não precisa ser a melhor, mas uma excelente lente é indispensável para o trabalho do fotógrafo.

Em resumo, as lentes têm as seguintes características:

- **Distância focal** – Expressa em milímetros (mm).
- **Abertura** – Pode ser larga, média ou pequena.
- **Estabilizador** – Encontra-se no corpo da câmera ou integrado na lente, dependendo do fabricante.
- **Formato** – Depende do fabricante.
- **Tipo** – Pode ser *ultrawide*, *standard*, teleobjetiva, *superzoom*, macro.

A distância focal define o ângulo de visão do fotógrafo. Quanto maior for o número, maior será a ampliação (*zoom*). Ela pode ser de dois tipos: fixa ou *zoom*. A diferença é que, na primeira, o fotógrafo é quem deve sair do lugar para encontrar um bom ângulo para a foto. As câmeras abrem para a entrada de luz e as capazes de capturar mais luz são chamadas *lentes rápidas* ou *claras*. As lentes *zoom* são as de maior capacidade de abertura para a produção de desfocamento nas fotos.

O estabilizador nem sempre está na lente, pois alguns fabricantes o colocaram no corpo da câmera. Como o nome informa, trata-se de um dispositivo essencial para uma boa foto: conduz a fotografia ao equilíbrio no momento do registro. Como cada fabricante desenvolveu um sistema único de estabilizador de imagem, os nomes também são diferentes. Na dúvida, o profissional deve preferir a lente com o estabilizador independentemente da marca escolhida. O mesmo acontece com o formato das lentes: cada fabricante tem sua sigla, e os encaixes diferem.

As lentes *ultrawide*, também chamadas *olhos de peixe*, têm distância focal de 24 mm e servem para fotografias de paisagem e arquitetônica.

Figura 5.29 – **Lentes *ultrawide***

LedyX/Shutterstock

As lentes *standard* têm distância focal que variam de 35 mm a 75 mm e são consideradas lentes de *zoom* normal. Isso quer dizer que se assemelham ao ângulo de visão humano.

Figura 5.30 – **Lentes *standard*: fotografia social**

Iryna Inshyna/Shutterstock

As lentes teleobjetivas têm distância focal maiores que 70 mm e são consideradas lentes de zoom para focos em detalhes específicos.

Figura 5.31 – **Lentes teleobjetivas: detalhes**

SvitlanaKopa/Shutterstock

As lentes teleobjetivas têm distância focal maiores que 70 mm e são consideradas lentes de *zoom* para focos em detalhes específicos. A sensação é a de aproximar objetos, pessoas e animais. Um primeiro plano em destaque é visível, enquanto o plano de fundo fica bem desfocado.

Figura 5.32 – **Lentes teleobjetivas: primeiro plano em evidência**

tishomir/Shutterstock

As lentes *super*zoom fazem tudo, ou seja, são capazes de cobrir distâncias focais desde a grande angular teleobjetiva, porém não com a mesma qualidade das demais específicas. Ganham na praticidade em situações em que o fotógrafo não pode trocar de lente. Além disso, servem para qualquer gênero fotográfico.

As lentes macro têm distância focal que variam de 40 mm a 200 mm e são específicas para a reprodução de imagens que necessitam de muita nitidez. São ótimas para fotografar miniaturas, insetos, joias etc.

Figura 5.34 – **Lentes macro: *zoom***

gualtiero boffi/Shutterstock

Ao optar por uma marca, é interessante o profissional comprar o restante do seu equipamento do mesmo fabricante, ou se informar sobre as peças do equipamento que podem ser genéricas para não perder seu investimento.

SÍNTESE

A resolução e a qualidade de imagem das câmeras fotográficas e das filmadoras dos *smartphones* aumentam a cada lançamento, em uma escalada vertiginosa. Os acessórios disponíveis para essas câmeras permitem que se capturem imagens com qualidade profissional (Gomide, 2014).

São vários os profissionais da fotografia que indicam a utilização de *smartphones* para fotos profissionais sem perda de qualidade. Isso acontece porque um bom profissional não depende somente da tecnologia, mas também dos conceitos aprendidos para a profissão.

A fotografia é para o designer uma ferramenta para descobrir possibilidades de manipulação de imagens digitais. Para o fotógrafo, a fotografia é a parte essencial da composição e sem ela não há projeto. A experimentação da imagem digital e suas possibilidades nas composições visuais tornam os dois campos complementares.

Combinar pontos, linhas e planos (2D ou 3D) com os estímulos visuais, auditivos, gustativos, olfativos e táteis faz parte da comunicação visual intencional utilizada pelo fotógrafo para transmitir uma mensagem por meio da fotografia. A teoria da linguagem visual se aplica aqui. Assim como uma boa composição fotográfica se define quando a Gestalt se completa, é recomendável ao designer treinar seu olho e suas lentes para esculpir espaços e compor formas, respeitando a hierarquia visual e a harmonia visual das cores.

O campo do design está em expansão no Brasil e constitui-se numa área de conhecimento multidisciplinar, e a fotografia é, sem dúvida, uma das áreas que complementam sua formação. As subáreas do design também precisam de um profissional direcionado ao entendimento da fotografia.

MARKET SHARE
TEAMWORK

CAPÍTULO 6

FORMA, FUNÇÃO E EMOÇÃO

CONTEÚDOS DO CAPÍTULO

- Relação entre forma, função e emoção
- Design emocional.
- Composição fotográfica.

APÓS O ESTUDO DESTE CAPÍTULO, VOCÊ SERÁ CAPAZ DE:

1. explicar como se relacionam forma, função e emoção em projetos de design;
2. conceituar o design emocional;
3. aplicar os fundamentos da fotografia;
4. escolher equipamentos e técnicas corretas a depender do projeto fotográfico.

Conceber a forma, a função e a emoção dos elementos da composição visual nos espaços impressos e digitais – seguindo os preceitos das teorias do design gráfico, buscando criatividade e inovação é a tarefa do profissional da área.

A composição visual hoje segue os mesmos princípios teóricos sobre as informações visuais adotados no início da profissão. O computador e suas ferramentas contribuem positivamente para projetos em design e subáreas – bi ou tridimensionais – centrados no cliente, consumidor, ou usuário. Nesse ponto, é importante diferenciar essas três figuras.

1. **Cliente** – pessoa que adquiria objetos industriais desenhados por designers na década de 1970.
2. **Consumidor** – sujeito que passou a absorver a informação visual dos anúncios impressos diagramados por designers e usuários na mídia impressa nas décadas de 1980 e 1990.
3. **Usuário** – indivíduo que usa sistemas digitais desenvolvidos pelos designers de interação.

Hoje, designers gerenciam projetos com foco no design, pensam na forma, considerando seus aspectos ergonômicos, e nas funções, buscando soluções interativas simples e fáceis de usar. Além disso, consideram como estratégia fundamental o comportamento humano, atinente à disciplina do design emocional, para o qual valem as seguintes equivalências:

Design = forma + função = Bauhaus

Design = forma + função + emoção = Pós-Modernismo

O empoderamento da profissão no Brasil e no mundo, há alguns anos, vem tornando o designer imprescindível em praticamente todas as áreas que desenvolvam produtos interativos que considerem experiências, necessidades e expectativas humanas.

A versatilidade da profissão já é uma realidade conhecida por diversos designers de carreira sólida no mercado internacional, por exemplo o italiano Gaetano Pesce, formado em arquitetura e design de produto. Pesce se desafiou desenhando uma sandália de plástico customizável tipicamente brasileira há alguns anos. Sucesso total.

Sem dúvida, o designer tem a capacidade de transitar entre meios, espaços e materiais diferentes de forma genuína, criando projetos inusitados e únicos. Tal fato se explica justamente pelos fundamentos teóricos da profissão, suas bases tecnológicas ou conteúdos aprendidos que não se alteram no currículo e que continuam se adaptando aos novos meios e aos novos tempos.

No caso do citado designer internacionalmente conhecido, em todos os seus trabalhos, ele imprime o mesmo conceito, o que o torna reconhecível em qualquer tipo de projeto; trata-se da noção estética do "descontruído", ou seja, a percepção do indivíduo de que algo ainda "falta" naquele objeto. Não importa se o projeto é uma cadeira, um sofá, um edifício ou até mesmo uma sandália de plástico para um país e público-alvo diferenciados. O que importa é o conceito utilizado, a escolha certa dos elementos visuais e sua organização no espaço/meio solicitado.

Design = forma + função + emoção = conceito de projeto

Os objetos, em sua forma e função, são criados pelos designers com conceitos bem definidos e utilização certa para o indivíduo em seu meio social. A emoção veio para reforçar a experiência. Não basta projetar um talher, é preciso desenhar um garfo, faca ou colher cujo estímulo cognitivo no indivíduo seja capaz de interferir no ato de comer; na percepção gustativa, por exemplo. Criar algo "ecologicamente correto" também envolve subjetividade e emoção, estando em alta hoje em dia para os designers de produto e moda.

Figura 6.1 – **Talher reciclável e sustentável**

SergeBertasiusPhotography/Shutterstock

Hoje, os designers de moda estão atentos ao reuso dos tecidos e lixo zero, reciclando roupas para reduzir o desperdício.

Figura 6.2 – **Tecido sustentável**

HollyHarry/Shutterstock

6.1 Design emocional

Há quem defenda que "design" e "emoção" já convivem há muito tempo. Entretanto, foi recentemente que essa união foi registrada oficialmente com o nome de "design emocional", tornando público e evidente o fato de que não apenas usamos, mas também adoramos e detestamos objetos... Além de forma física e funções mecânicas, os objetos assumem "forma social" e "funções simbólicas".

O design emocional envolve projetar com foco na emoção e com a intenção de proporcionar experiências agradáveis; a emoção é uma sensação inerente ao ser humano. A sensação é estar ciente da emoção; alegria *versus* tristeza, amor *versus* raiva, esperança *versus* desespero. Ou até mesmo sentimentos neutros: compaixão, surpresa etc.

Explorando um pouco mais a relação entre tecnologia e comunicação, alguns designers começaram a repensar possibilidades de trabalhar a qualidade da informação, a qual é perceptível somente quando ocorre o envolvimento dos sentidos (Lupton, 2014). Trata-se do campo da ciência cognitiva que estuda os sentidos "hápticos" – aqueles que vão além da percepção visual e auditiva. A realidade virtual é um exemplo de tecnologia Haptic; seu conceito é forjar uma nova realidade enganando os sentidos humanos. Nos cenários virtuais, a imersão induz aos cinco sentidos concomitantemente: visão, audição, tato, paladar e olfato – o que transforma a sensação num êxtase.

Afeto e emoção são essenciais para o dia a dia do indivíduo na sociedade de consumo; situações e ideias agradáveis fazem o sujeito se sentir bem, ao passo que desagradáveis tendem a criar tensão e angústia.

A composição busca despertar no indivíduo a sensação de deslumbramento; uma reação boa aos cinco sentidos humanos. Isso pode ser engatilhado por objetos. Há pessoas que amam carros, por exemplo, e ficam extasiadas diante de modelos inovadores ou mesmo clássicos. Nesse caso, o desenho do automóvel, o som que o motor produz, o cheiro dos componentes, entre outros elementos, podem ativar a sensação agradável de estar diante do objeto carro.

E quando é que as pessoas passam a adorar certos objetos? Quando algo dá prazer, quando se torna uma parte da vida do sujeito, e quando a a interação com esse item define um lugar na sociedade e no mundo, então o indivíduo cria amor pelo objeto.

6.2 Bom design

O bom design é o design minimalista e funcional, com ênfase no uso. É a expressão da alta pregnância em forma, espaço, tamanho, cor, textura e estrutura.

Estudos sobre a emoção sugerem que o cérebro humano raciocina em três níveis, quais sejam:

1. nível visceral;
2. nível comportamental;
3. nível reflexivo.

O **nível visceral** pode ser traduzido pela máxima "A primeira impressão é a que fica", a qual é válida para objetos e sistemas digitais (*websites* e *games*). Uma boa impressão é um julgamento inicial que pode perdurar por muito tempo no cérebro humano. Nesse estágio, a única percepção atuante na ação é a visão, e nenhum outro sentido participa do momento de entendimento daquilo que se vê. Conforme explicamos no Capítulo 1, percepção equivale a emoção, independentemente de ser boa ou ruim, abrangendo as percepções visual, auditiva, gustativa, olfativa, tátil, de tempo e movimento, de espaço e de forma.

Design emocional = percepção (espaço + forma) + emoção

Design emocional = ponto, linha, plano, volume + emoção

Design emocional = forma + função + emoção

O **nível comportamental** é o intermediário e mais estável da ação, podendo intensificar ou não os demais. Equivale ao primeiro contato tátil do indivíduo com o artefato, podendo este tipo de percepção se somar a outros. Nesse primeiro uso, o indivíduo ainda está sob o impacto da boa impressão do nível visceral.

O **nível reflexivo**, por ser o último a se manifestar, reafirma os anteriores. Trata-se do estágio contemplativo do cérebro no qual há tempo suficiente para interpretar, compreender, raciocinar sobre a ação e ter o entendimento completo. Ocorre no uso contínuo do artefato.

Um exemplo pertinente de como ocorre o efeito do design emocional é a compra de um carro. Num primeiro momento, é a estética da forma do veículo que tende a influenciar a escolha do automóvel na loja. Nesse estágio, a cor também influencia. Após o encanto do primeiro nível, o segundo momento é fazer um *test drive*: dirigir o veículo para testar seu desempenho. Entram nesse estágio o conforto e a segurança da ação, além do preço, logicamente. No último estágio, há somente o uso contínuo do carro no período da garantia e por muitos meses poderão ser reafirmados os conceitos anteriores de um bom funcionamento e desempenho, a menos que a concessionária entre em contato para um *recall* imediato para intervir em algum erro de fábrica.

Outro exemplo é o consumo de produtos alimentício. Panfletos publicitários, mediante suas composições visuais, podem estimular a vontade de comer determinada comida, como uma pizza. Nesse caso, não há dúvidas de que uma boa fotografia ou ilustração influenciam a decisão do consumidor em potencial.

Figura 6.3 – **Design emocional: nível visceral**

Alesandro14/Shutterstock

No segundo nível, após o pedido e já sentado no restaurante, se a propaganda corresponder às expectativas do cliente, o terceiro nível será de satisfação plena.

Figura 6.4 – **Design emocional: comportamental**

AS photostudio/Shutterstock

Nesse exemplo da pizzaria, os três níveis podem acontecer mais rapidamente; porém, caso o produto não atenda às expectativas do cliente, os danos ligados à insatisfação poderão ser também muito danosos para a empresa. Um cliente insatisfeito pode gerar impactos negativos para a empresa ao se pronunciar nas redes sociais, por exemplo.

Figura 6.5 – **Design emocional: reflexivo**

Asier Romero/Shutterstock

Um bom design se revela naturalmente, quando um produto, ideia ou serviço se consolida no mercado por seu público-alvo, ou seja, é quando a maioria dos indivíduos gosta dele. Nesses casos, toda a ação acontece de forma espontânea, havendo, logicamente, um projeto de campanha *crossmedia* muito bem elaborado.

Um "bom design", segundo Dieter Rams (citado por Régis, 2016): é inovador; torna o produto útil; tem qualidade estética; torna o produto compreensível; é discreto; é honesto; é durável; é minucioso, é amigo do meio ambiente; grega o mínimo design. Comentaremos a seguir, cada uma dessas caraterísticas.

A **inovação** se refere à criatividade e trata-se de diferenciar padrões anteriores. No caso mostrado na Figura 6.6, a seguir,, o objeto conhecido isqueiro foi adaptado em sua forma para ser manuseado na cozinha e acender fogões a gás.

Figura 6.6 – **Isqueiro de cozinha**

Shamaan/Shutterstock

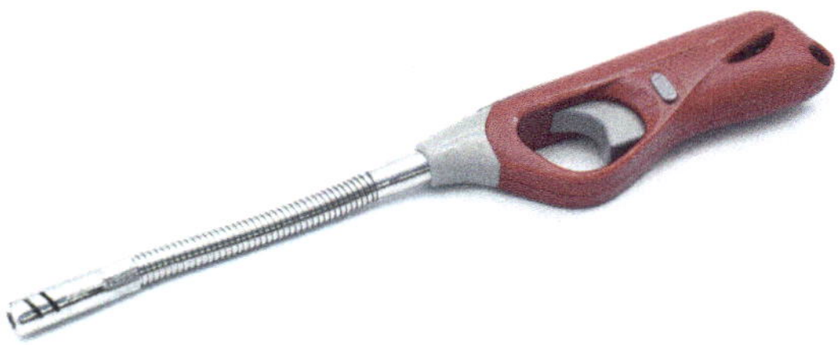

A praticidade de um artefato é inerente a sua **utilidade**. No exemplo mostrado na Figura 6.7, a ação de abrir a garrafa pelo indivíduo pode ser feita até mesmo de olhos fechados. Quando forma e função estão corretos, a tarefa se torna automática.

Figura 6.7 – **Abridor de garrafas: utilidade**

BOKEH STOCK/Shutterstock

A **estética**, disciplina aliada ao design já mencionada em capítulos anteriores, é um artifício que complementa a forma e a função. O objeto retratado na Figura 6.8 é um abridor de garrafa simples, de formas arredondadas para facilitar seu manuseio, e a cor o torna atraente visualmente, podendo ser escolhida pelo indivíduo entre outras opções aquela que mais combina com o ambiente ou seu gosto pessoal. Formas arredondadas para artefatos de cozinha interessam à percepção tátil, sendo mais orgânico

Figura 6.8 – **Abridor de garrafas: estética**

GO DESIGN/Shutterstock

A **autoexplicação** na forma de um artefato está aliada a percepção visual e ocorre quando se identifica mais de uma função no artefato graças a seu desenho. Realmente, é muito prático um chaveiro que também abre garrafas, ou um abridor de garrafas que carrega as chaves de casa. Unir duas funcionalidades comuns ao dia a dia num único objeto é um artifício muito interessante em designs de produto.

Figura 6.9 – **Abridor de garrafas/chaveiro: autoexplicação**

biancardi/Shutterstock

A **discrição** está relacionada ao design minimalista; abridores abrem garrafas e devem ser simples em seu desenho. O modelo ilustrado na Figura 6.10 é um ótimo exemplo de simplicidade aliada ao funcionalismo.

Figura 6.10 – **Abridor de garrafas: discrição**

bogdan ionescu/Shutterstock

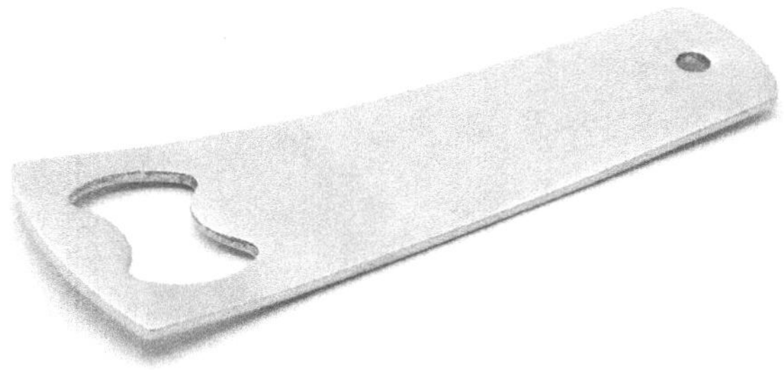

A **honestidade** de um saca-rolhas e abridor de garrafas (Figura 6.11) torna o produto valioso aos olhos do usuário. Duas funções parecidas foram pensadas juntas pelo designer que o projetou, visando facilitar o dia a dia do usuário que gosta de tomar vinhos e cerveja.

Figura 6.11 – **Abridor de garrafas com duas funções**

Ja Crispy/Shutterstock

A **durabilidade** de alguns produtos de design se deve justamente à simplicidade da sua forma e do material que o constitui. Nesse caso, o desenho primário de um saca-rolhas produzido em madeira e aço o torna resistente e durável por década (Figura 6.12)

Figura 6.12 – **Saca-rolhas tradicional**

NewFabrika/Shutterstock

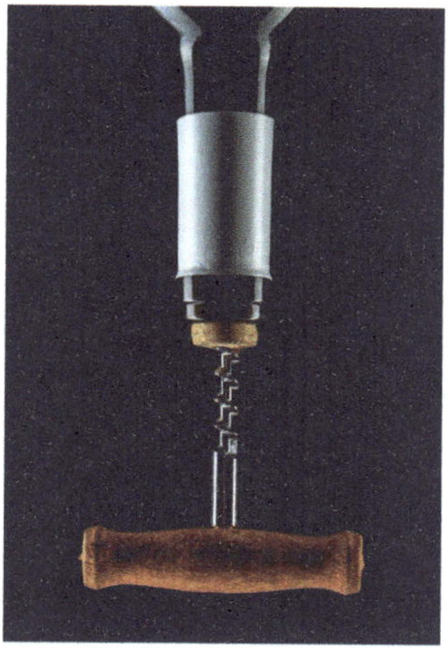

A precisão, relacionada ao caráter da **minuciosidade**, de uma ferramenta multiuso como o canivete suíço já é difundida no mundo inteiro. Esse objeto é conhecido pelo agrupamento de diversos elementos e funcionalidades em um só artefato. É fácil de transportar, é resistente, esteticamente interessante e suas diversas modalidades o tornaram objeto indispensável para muitas pessoas. Hoje, há também a modalidade em formato de chaveiro, o que facilita o transporte. Seu tamanho compacto pode ser acondicionado facilmente em um bolso de camisa ou calça, sendo muito utilizado por atletas de escalada e *rafting*. A criatividade aliada à estética é capaz de resolver problemas bem difíceis em sua forma.

Figura 6.13 – **Canivete suíço**

Billion Photos/Shutterstock

A garrafa que já vem com anel embutido para abrir é a novidade no mercado, dispensando qualquer outro artefato para abrir. Muito comum em garrafas de PET de refrigerantes e água mineral.

Figura 6.14 – **Garrafa com anel abridor**

Billion Photos/Shutterstock

Mínimo design possível: menos, porém melhor – porque concentra-se nos aspectos essenciais e os produtos não estão sobrecarregados com os não essenciais. De volta à pureza, de volta à simplicidade.

Figura 6.15 – **Gravador desenhado por Dieter Rams**

Rob Lavers RIBA ARPS/Shutterstock

O designer de produto alemão Dieter Rams desenhou diversos produtos para a empresa Braun; cafeteiras, rádios, equipamentos audiovisuais. Aposentou-se como diretor de design e influenciou outras grandes empresas/profissionais com seus princípios teóricos na área. Seus trabalhos se alinham ao mínimo design.

6.3 Criatividade

Característica imprescindível ao designer, a criatividade está presente em todos os projetos de design.

> Bom design = criatividade
>
> Bom design = inovação
>
> Bom design = forma + função + emoção

A criatividade é cobrada do designer desde o momento em que ele inicia seu primeiro projeto. Vale lembrar que, embora seja algo estreitamente relacionado à profissão, design é projeto e todo projeto obedece a um processo criativo. Então:

> Bom design = criatividade = alta pregnância
>
> Bom design = criatividade = conceito de projeto

O processo criativo é cadenciado e obedece a todos os preceitos que comentamos ao longo deste livro e que são essenciais à estruturação de projetos em design, independentemente da mídia.

A seguir, listamos algumas dicas importantes para ser criativo:

- Proceder à pesquisa do cliente, lançando as perguntas pertinentes e precisas para obter as respostas necessárias.
- Ser um especialista na área escolhida, concentrando todos os esforços nela; utilizar vocabulário adequado e rico em teoria do design causa sempre boa impressão e transmite credibilidade para o cliente, que sentirá que contratou o designer certo para

resolver seu problema. O profissional criativo não se acomoda e está sempre se inteirando das inovações e práticas de áreas afins.

- Inovar, tornando o igual inesperado para o cliente. Deve-se pensar em soluções inusitadas para uma mesma ação. Desconstruir é a palavra máxima da profissão hoje em dia. Na inovação, também é comum combinar conceitos velhos com novos.
- Permitir-se o ócio criativo. Afinal, não se consegue ser criativo todo dia, sendo necessário usar o tempo de forma inteligente, com muito planejamento e procrastinação consciente. A ideia é cumprir os prazos do projeto, mas sem pressão.
- Valorizar e seguir o *briefing*, pois é o cliente que entende do produto, ideia ou serviço. É fundamental manter-se no papel de designer mesmo sendo um consumidor da marca para a qual está trabalhando num projeto. Um bom documento que reúna todas as informações do cliente/empresa é indispensável para iniciar o processo.
- Fazer o *brainstorming* em forma de relatório escrito e numerado, gravado, ou outra estratégia; o mais importante é não esquecer que é dessa ferramenta que sai o conceito do projeto. Essa etapa deve ser feita em equipe, primeiramente com caráter quantitativo, depois, com caráter qualitativo. É preciso reduzir o *brainstorming* a, no máximo, cinco palavras-chave. E, depois, escolher uma para o conceito final do projeto.
- Sair da zona de conforto, pensando, livremente, em possíveis soluções para o problema de design proposto, mesmo sabendo-se que o cliente não terá como arcar com os custos. É recomendável apresentar a ideia real e a surreal. O cliente pode não ter como

investir naquele momento, mas certamente recorrerá novamente ao mesmo profissional quando for possível.

6.4 Fotografia: abertura, velocidade e ISO

Os três pilares da fotografia são abertura do obturador, velocidade e ISO. Conhecendo e usando bem esses componentes da câmera, não há como não produzir composições fotográficas esteticamente agradáveis.

> Fotografia = abertura + velocidade + ISO
> Composição fotográfica = 3 pilares da exposição

A **exposição** é a quantidade de luz que entra no sensor da câmera; define a claridade da composição fotográfica, compondo-se fotos escuras ou claras. Basicamente, se a imagem está muito clara, tem muita luz, está superexposta (Figura 6.16). Já quando a imagem está muito escura, tem pouca luz, configura-se a subexposta (Figura 6.17) Esse controle de quantidade de luz que entra pelo sensor da câmera é feito pelo fotógrafo, alterando justamente os três pilares da fotografia.

Figura 6.16 – **Superexposta**

13_Phunkod/Shutterstock

Figura 6.17 – **Subexposta**

Photo Art Wall Decoration/Shutterstock

A exposição correta para a composição fotográfica ocorre quando o fotógrafo encontra o balanço certo das luzes; nem partes muito claras, nem partes muito escuras. Trata-se de equilíbrio visual fotográfico.

Figura 6.18 – **Exposição correta: composição fotográfica**

Elena Yakusheva/Shutterstock

O diafragma da lente é que trabalha numa composição fotográfica para disponibilizar a entrada de luz na câmera.

Figura 6.19 – **Diafragma**

Matija Marcius/Shutterstock

6.4.1 Abertura

A abertura do obturador, ou melhor, o diafragma, é ajustável e é medido pelo tamanho do *f-stops* – sua numeração pode variar conforme a marca da lente da câmera. Quando se altera o *f-stop*, altera-se o tamanho da abertura do diafragma da lente; quanto mais alto o *f-stop*, menor é a abertura da composição fotográfica.

Figura 6.20 – **Aberturas do diafragma**

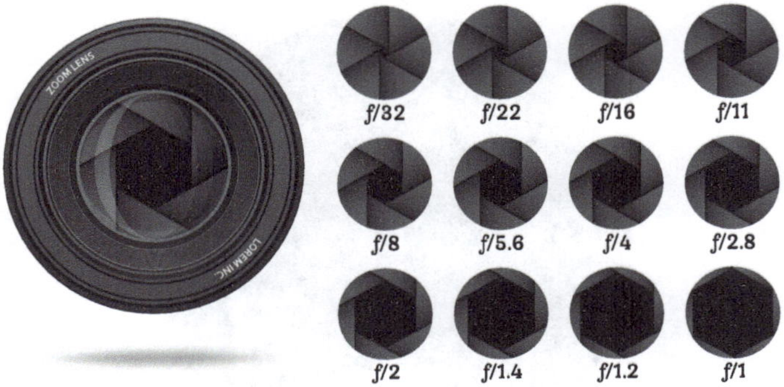

klerik78/Shutterstock

Quanto maior o *f-stop*, ou seja, maior a abertura, apenas parte da composição fotográfica ficará em foco e o restante ficará desfocado.

Figura 6.21 – **Grande abertura**

FotoAndalucia/Shutterstock

Quanto menor *o f-stop*, ou seja, mais fechado o diafragma, maiores são as chances de obter nitidez.

Figura 6.22 – **Abertura menor**

Andrew Mayovskyy/Shutterstock

Na Figura 6.22, vê-se uma paisagem de outono italiana. A abertura intermediária para menor é o suficiente para deixar a foto toda nítida, o que é o caso do gênero fotos de paisagem – abertura entre f/11 até f/16 é o suficiente para tornar a composição fotográfica perfeita. Uma abertura comum aos diversos gêneros fotográficos é o f/8; há um bom equilíbrio na composição fotográfica entre o desfoque e a nitidez.

Abertura = F/32 F/22 F/16 F/11 F/8 F/5,6 F/4 F/2,8 F/2 F/1,4

6.4.2 Velocidade

A velocidade na composição fotográfica está relacionada ao obturador da câmera e se baseia em frações de segundo. Refere-se ao tempo em que o obturador da câmera se abre para entrar luz pelo sensor da câmera fotográfica.

É o fotógrafo quem decide se a velocidade será alta ou baixa na composição visual; uma velocidade alta tem o efeito de congelar o artefato que está sendo fotografado. Segue um exemplo de composição fotográfica em que uma porção da água movimentada por uma criança ao pisar em uma poça parece ter sido "congelada" na imagem.

Figura 6.23 – **Movimento de porção da água congelado na imagem**

Evgeny Atamanenko/Shutterstock

6.4.3 ISO

O ISO, ou melhor, o International Organization for Standardization, é um dos três triângulos de exposição que ajudam o fotógrafo a encontrar um equilíbrio na composição fotográfica. Antigamente, na fotografia analógica, o ISO, ou a velocidade do filme, era alterado manualmente e por filme. Hoje, nas câmeras digitais, é possível alterar a sensibilidade à luz do sensor de imagem a cada clique. Seus valores devem ser alterados nas configurações da câmera e sempre de acordo com as condições de iluminação do local.

Na Figura 6.24, mostramos uma imagem com os valores de ISO em uma câmera fotográfica antiga.

Figura 6.24 – **ISO: câmera fotográfica antiga**

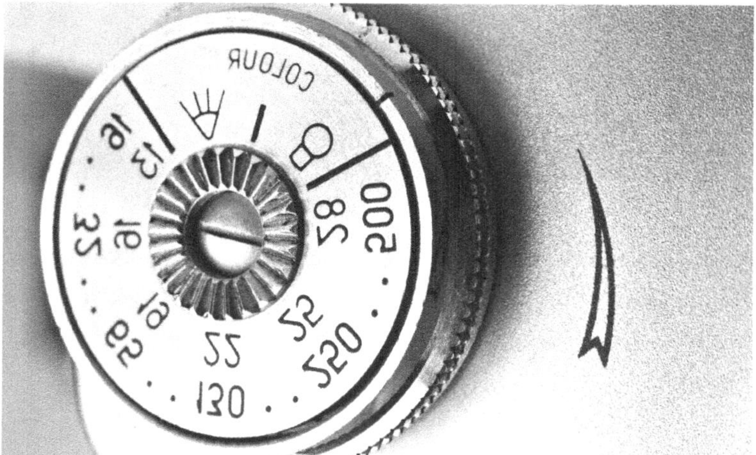

Sergey Ryzhov/Shutterstock

Em algumas câmeras, há o ajuste automático; porém, na maioria das vezes, o ajuste é alto e as fotos podem sair com ruídos. Quanto mais alto o valor do ISO, mais sensível à luz a imagem vai ficar; os valores padrão são entre 100 e 200.

Figura 6.25 – **ISO: câmera fotográfica atual**

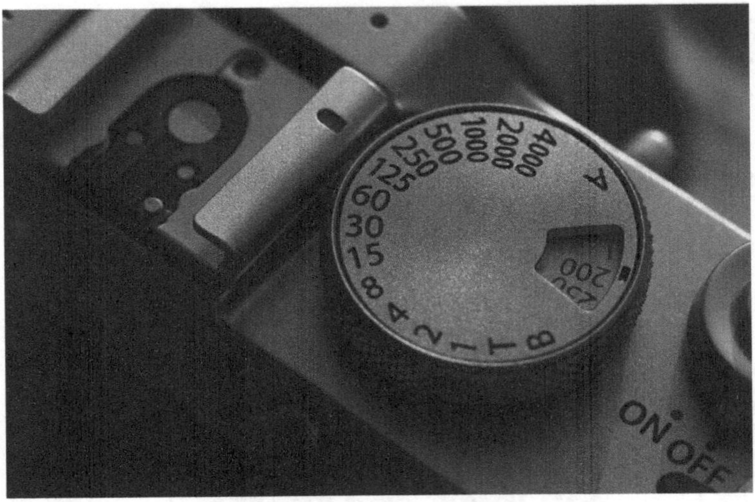

Lukmanazis/Shutterstock

Esses valores são para fotos em ambientes bem iluminados. À noite, uma configuração ISO 800 pode ser a ideal – com a utilização ou não de *flash*, como é o caso da composição fotográfica da Figura 6.26

Figura 6.26 – **ISO 800**

elrasier/Shutterstock

Ao aumentar o valor do ISO, a sensibilidade do sensor é dobrada. A escala é 100, 200, 300, 400, 800, 1.600, 3.200, 6.400... podendo ir até 102.400 em câmeras mais potentes. Entretanto, o aumento do ISO pode elevar o ruído na composição fotográfica; em boas condições de iluminação, é aconselhável utilizar os valores padrão para não comprometer a qualidade do trabalho.

Hoje, existem diversos aplicativos grátis disponíveis com recursos que podem potencializar a câmera fotográfica do celular; entre eles, modo noturno, *preshot*, remoção de objetos, disparador em sequência e foto panorâmica. É possível ajustar a exposição, ISO, foco e alterar a velocidade do obturador. Todos os comandos ficam disponíveis na interface do dispositivo móvel e facilitam sua interação.

Figura 6.27 – **Celular e composição fotográfica**

majivecka/Shutterstock

6.5 Tripé e monopé

Existem no mercado fotográfico diversos tipos de tripés e monopés. É interessante escolher um resistente e que tenha estabilidade para a câmera, além de permitir diversas opções de ângulos para as fotos.

Figura 6.28 – **Tripé**

Sergey Pristupa/Shutterstock

O monopé tem função similar ao tripé e também serve para aumentar a estabilidade da câmera fotográfica, além de permitir o ajuste da altura. O monopé de fibra de carbono, por exemplo, é bem leve e, muitas vezes, pode ser mais interessante do que um tripé. São chamados de unipés ou *monopod* e sua principal função é eliminar fotos borradas. É exemplo de monopé o atual pau de *selfie*, que é utilizado em câmera de *smartphones*.

Figura 6.29 – **Monopé**

FOTOGRIN/Shutterstock

Figura 6.30 – **Pau de *selfie***

wavebreakmedia/Shutterstock

Dicas para fotos com tripés ou monopés:

- Em fotos de pôr do sol ou noites estreladas, nas quais se utiliza velocidade baixa do obturador, esses acessórios eliminam os tremidos.
- Esses acessórios servem como apoio para a câmera ou suporte para *flash*, rebatedor ou lâmpada.
- Suportes são necessários para o gênero macrofotografia, pois exige muita iluminação.
- A estabilidade proporcionada pelos esses acessórios é fundamental no gênero fotografia esportiva para captar o movimento com lentes com grandes distâncias focais.
- No gênero fotografia de paisagem, fotografar a natureza (montanhas, florestas, mares, fenômenos meteorológicos) sem tripé não é possível, sendo necessário esperar, muitas vezes, por horas para uma boa foto, sendo o apoio à câmera fundamental.
- O uso de teleobjetivas torna o trabalho do fotógrafo mais complicado, pois o mínimo movimento pode atrapalhar a qualidade da foto; só mesmo um tripé para segurar a câmera com firmeza.
- A liberdade criativa é favorecida, pois, com a câmera no tripé, sobram tempo e espaço para o fotógrafo deslizar pela cena a ser fotografada. Assim, é possível pensar melhor o enquadramento da foto.

Figura 6.31 – **Teleobjetiva**

MAD.vertise/Shutterstock

É recomendável comprar tripés e monopés compatíveis com a marca da câmera fotográfica e dos demais acessórios. É interessante informar-se antes de adquiri-los, pois cada empresa tem suas particularidades (diversos tipos diferentes) e podem não servir no encaixe das cabeças e pés. Além disso, o material de fabricação é importante. São preferíveis os mais leves, dobráveis e resistentes à água para carregar.

SÍNTESE

A pesquisa e o desenvolvimento de soluções de processamento digital de imagem e de computação gráfica é uma área muito ativa na ciência da computação. Na maioria das vezes, procura-se a colaboração de artistas e técnicos para o desenvolvimento de produtos, de acordo com a demanda do mercado de produção para o audiovisual e jogos digitais. Novas soluções, utilizando conceitos de visão computacional têm introduzido produtos de nova geração no mercado (Gomide, 2014, p. 145).

O designer criativo e inovador não nasce sabendo; criatividade não está nos genes. Para ser um bom profissional e criar composições diferenciadas no mercado extremamente competitivo, é preciso adquirir cultura no campo. E essa cultura é exatamente conhecer profundamente os fundamentos do design aplicados à linguagem visual estática ou dinâmica. Um bom design não é uma utopia, porém exige muita dedicação e estudo na área.

As regras existem e podem ser quebradas; essa é a boa notícia. No entanto, para fazê-la, mesmo assim, você precisa de teoria nas diversas disciplinas que são aliadas do designer. Criar para o mundo digital não é somente encaixar *pixel* a *pixel* nas interfaces digitais; é preciso metodologia adequada e fundamentada nos conceitos do design, das subáreas ou áreas afins, tais como a informática, a arquitetura, a engenharia, e ergonomia, a publicidade e propaganda, a semiótica, a usabilidade, a IHC e o marketing.

Como afirmamos no Capítulo 4, atuar como designer é fazer design com conhecimentos de história da arte, arte aplicada e estética e englobar todos os conceitos teóricos independentemente da mídia. É focar na comunicação da mensagem a ser transmitida – imagens, símbolos, cores, tons e tipologias.

CONSIDERAÇÕES FINAIS

O designer hoje organiza elementos da linguagem visual nos diversos espaços impressos e virtuais. Cria composições diferenciadas num mercado extremamente competitivo que exige muita dedicação e estudo na área.

Algumas regras importantes para organizar os elementos e combinar pontos, linhas e planos (2D ou 3D) com os estímulos visuais, auditivos, gustativos, olfativos e táteis numa composição são:

- a primeira impressão é a que fica;
- círculo, triângulo e quadrado são formas completamente diferentes;
- deve-se ocupar o espaço com as formas – ou não;
- linhas verticais/horizontais são estáticas, já as diagonais/curvas são dinâmicas;
- elementos 2D têm altura e largura;
- elementos 3D têm altura, largura e profundidade;
- composições podem ser abertas ou fechadas;
- proximidade, alinhamento, repetição e contraste são fundamentais;
- é recomendável, na maioria das vezes, o alinhamento à esquerda;
- pregnância: sempre média para alta;
- a disciplina de fotografia integra os cursos de Design;
- a harmonia visual dos elementos é fundamental;
- Gestalt não se discute, se aplica;
- estética se revela em composições bem-resolvidas, não necessariamente bonitas;
- o design é multidisciplinar, se apropria de conteúdos de outras disciplinas;

- o design é interdisciplinar, tem conteúdos comuns a outras disciplinas;
- o design é transdisciplinar, podendo criar conteúdos independentemente do meio;
- imagens podem ser utilizadas para abordar problemas;
- 80% do cérebro humano é dedicado ao processamento visual;
- o processamento visual na história remonta aos homens pré-históricos;
- a escrita originou-se dos símbolos – desenhos.
- o designer tem de treinar seus olhos e suas lentes para esculpir espaços e compor formas;
- projetos com proporção áurea são mais atraentes e harmônicos visualmente;
- design = criatividade + inovação;
- design é projeto;
- design é forma, função e emoção.

O campo do design está em expansão no Brasil e constitui-se numa área de conhecimento multidisciplinar. Hoje, suas subáreas são aplicadas em profissões consolidadas no mercado de trabalho, como o design de moda e o de interiores. O conselho para os designers é: conheça as regras para quebrá-las. E quando surgir uma nova mídia ou um novo meio, a conduta deve ser continuar aplicando os princípios teóricos do design.

REFERÊNCIAS

CESAR, N. **Direção de arte em propaganda**. São Paulo: Futura, 2000.

FARINA, M.; PEREZ, C.; BASTOS, D. **Psicodinâmica das cores em comunicação.** São Paulo: Blucher, 2011.

GOMES FILHO, J. **Gestalt do objeto**: sistema de leitura visual da forma. São Paulo: Escrituras, 2004.

GOMIDE, J. V. B. **Imagem digital aplicada**: uma abordagem para estudantes e profissionais. São Paulo: Elsevier, 2014.

GUIMARÃES, L. **A cor como informação**: a construção biofísica, linguística e cultural da simbologia das cores. São Paulo: Annablume, 2000.

LUPTON, E. **Novos fundamentos do design**. São Paulo: Cosac Naify, 2014.

MUNARI, B. **Design e comunicação visual**. São Paulo; Martins Fontes, 1997.

NIEMEYER, L. **Design no Brasil**: origens e instalação. Rio de Janeiro: 2AB, 2007.

OSTROWER, F. **Universos da arte**. Rio de Janeiro: Campus, 1983.

RÉGIS, C. **Bom design e o mínimo de design possível**. Design Culture, 17 jun. 2016. Disponível em: https://designculture.com.br/o-bom-design-e-o-minimo-de-design-possivel. Acesso em: 23 out. 2020.

SCHNAIDER, S. **Graduação tecnológica em design no Brasil**: origem, ensino e pesquisa. Rio de Janeiro: Gramma, 2018.

STRUNCK, G. **Como criar identidades visuais para marcas de sucesso**: um guia sobre o marketing das marcas e como representar graficamente seus valores. Rio de Janeiro: Rio Books, 2001.

SOBRE A AUTORA

Sílvia Schnaider é graduada em Design pela Pontifícia Universidade Católica do Rio de Janeiro (PUC-Rio), mestra pela Universidade Estadual Paulista (Unesp) e doutora pela Escola Superior de Desenho Industrial da Universidade do Estado do Rio de Janeiro (Esdi-UERJ). Entrou no mundo da publicidade ao trabalhar na Universidade para o Desenvolvimento do Estado e da Região do Pantanal (Uniderp). Em 2004, quando atuou na Agência Nacional de Cinema (Ancine), passou a trabalhar com design digital. Já ministrou aulas no Instituto Infnet – Faculdade de Tecnologia, Engenharia, Computação, Software, Sistemas e Marketing Digital na UniverCidade, na Universidade Veiga de Almeida (UVA), na PUC-Rio, na Escola Superior de Propaganda e Marketing (ESPM) e no Serviço Nacional de Aprendizagem Comercial (Senac), onde, desde 2016, atua como coordenadora da Graduação Tecnológica em Design Gráfico. Hoje é elaboradora de itens para o Exame Nacional de Desempenho dos Estudantes (Enade) e faz parte do banco de avaliadores dos cursos de graduação em instituições de educação superior.

Impressão:
Agosto/2022